MORTE
PARMI LES VIVANTS

Une tragédie afghane

FREIDOUNE SAHEBJAM

MORTE PARMI LES VIVANTS

Une tragédie afghane

ÉDITIONS FRANCE LOISIRS

Éditions du Club France Loisirs,
avec l'autorisation des Éditions Grasset.

Éditions France Loisirs,
123, boulevard de Grenelle, Paris
www.franceloisirs.com

ISBN : 2-7441-7417-3

Celle qui a perdu
sa réputation
n'est plus qu'une morte
parmi les vivants.

PROVERBE PERSAN

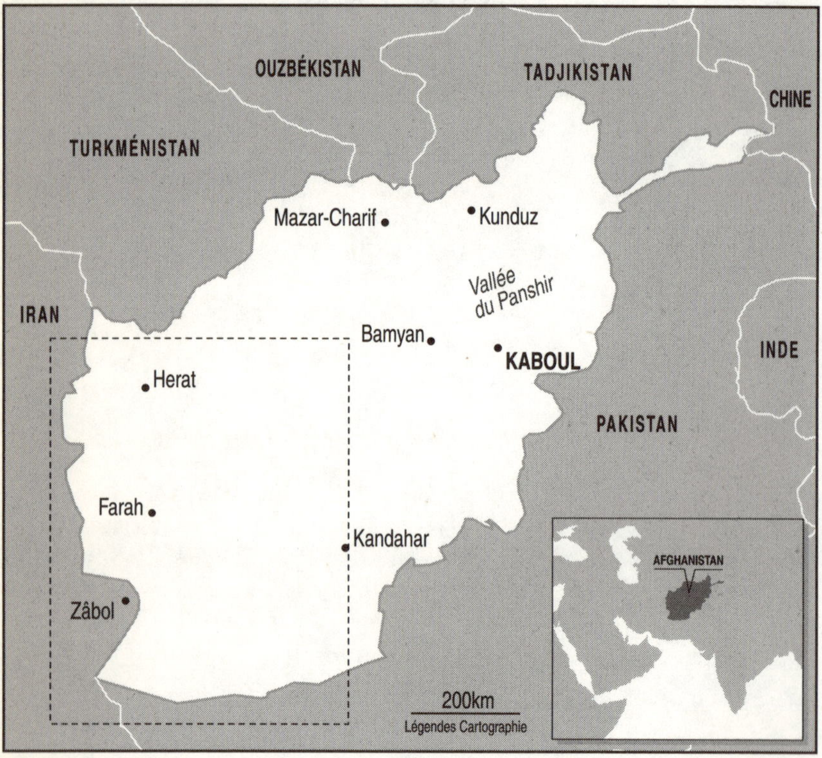
OUZBÉKISTAN
TADJIKISTAN
CHINE
TURKMÉNISTAN
Mazar-Charif
Kunduz
Vallée
du Panshir
IRAN
Bamyan
KABOUL
INDE
Herat
PAKISTAN
Farah
Kandahar
AFGHANISTAN
Zâbol
200km
Légendes Cartographie

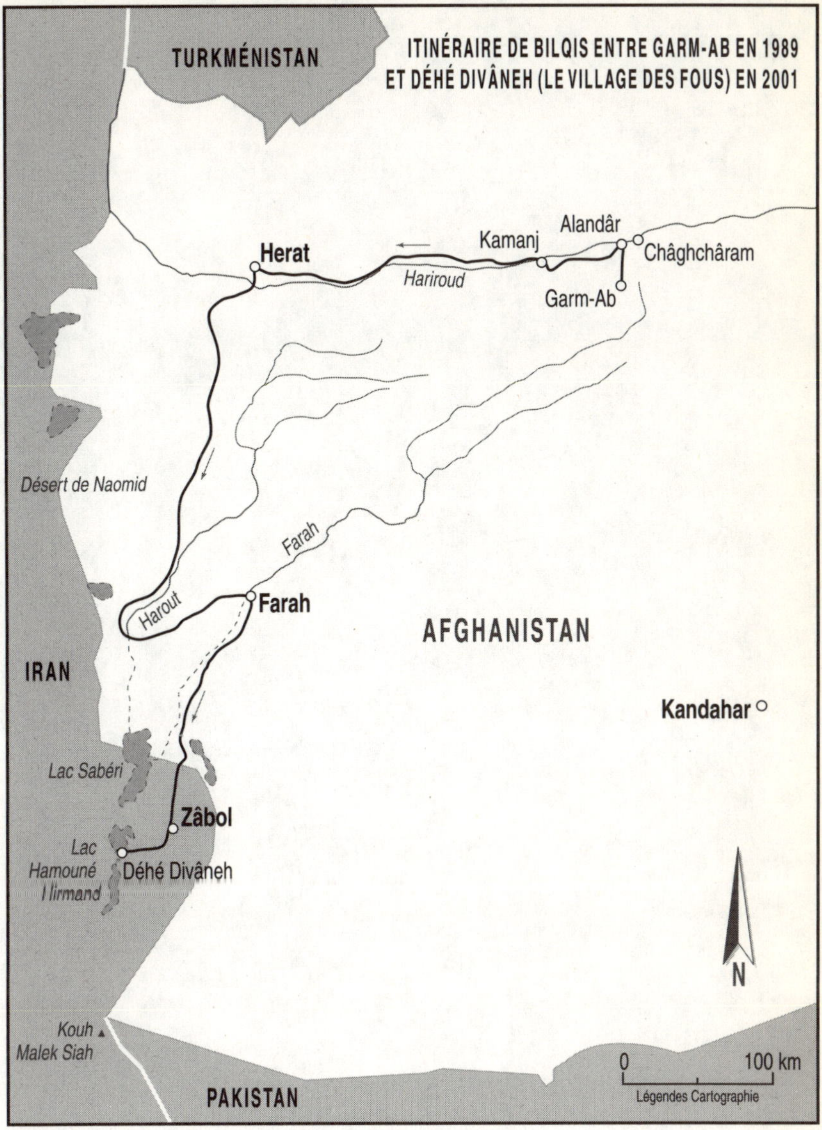

ITINÉRAIRE DE BILQIS ENTRE GARM-AB EN 1989
ET DÉHÉ DIVÂNEH (LE VILLAGE DES FOUS) EN 2001
TURKMÉNISTAN
Herat
Kamanj
Alandâr
Châghchâram
Hariroud
Garm-Ab
Désert de Naomid
Farah
Harout
Farah
AFGHANISTAN
IRAN
Kandahar
Lac Sabéri
Zâbol
Lac
Hamouné
Hirmand
Déhé Divâneh
N
Kouh
Malek Siah
0
100 km
Légendes Cartographie
PAKISTAN

CHAPITRE 1

La tente

Le vent qui souffle avec force du nord au sud, le long de cette frontière séparant l'Iran de l'Afghanistan, peut durer des jours et des nuits entières sans répit et toujours avec la même intensité. Il balaye tout sur son passage, habitations, animaux, végétation, parfois même des enfants ou des vieillards imprudents.

Il peut cesser en quelques minutes comme il peut arriver brutalement, sans prévenir. Le ciel reste bleu mais se couvre soudain d'une fine pellicule ocre de sable qui estompe le soleil. Les paysans rassemblent alors leurs troupeaux en urgence, les mères appellent leurs petits, toute vie se fige dans l'attente du monstre qui va déferler en contournant la montagne.

Le *bâdé koshté gâv* porte bien son nom : le vent qui tue les vaches. Selon certains experts venus autrefois de la capitale régionale iranienne Zâbol, il peut aisément atteindre des pointes à

200 kilomètres par heure, au printemps et à l'automne.

Il emporte tout : arbres centenaires, bétail, poteaux électriques, toitures en chaume, murs de briques, charrettes. Malheur à qui se trouverait encore dehors ; des corps d'enfants et des carcasses d'animaux sont régulièrement retrouvés dans les eaux du lac de Hâmouné Hirmand, dans les marais avoisinants et même bien plus loin, vers le sud, sur la route de Shahré Soukhté ou Shileh.

C'est au bord du lac qu'avait été construit, il y a bien longtemps, le bourg de Déhé Divâneh, le village des fous. On y soignait les simples d'esprit, les obsédés sexuels, les furieux et les dépressifs. Il serait plus juste de dire qu'on les éloignait du reste de la population car, comme le rabâchaient les mollahs depuis des décennies, « ces maladies sont transmissibles et contagieuses, et on ne peut rien contre la colère du Tout-Puissant ».

Un mur séparait le village des fous des populations environnantes. On disait autrefois que les cris des malheureux se faisaient entendre la nuit jusqu'à Zâbol, pourtant éloignée d'une vingtaine de kilomètres. On disait aussi que le *bâdé koshté gâv* avait été voulu par Dieu pour laver la terre de toutes les fautes que les fous avaient pu commettre et purifier le sol et l'air des maladies et des souillures qu'ils y avaient laissées.

Une année, il y eut une tragique inondation : les eaux des deux rivières Hârout et Farah, venant d'Afghanistan et alimentant le lac, avaient grossi. Déhé Divâneh disparut sous les flots et la totalité des malades périrent noyés. On brûla leurs corps pour ne pas infester les sols, on lava à la chaux les murs des maisons qui avaient résisté à l'onde, et jamais plus personne n'alla vivre dans ce bourg où rôdaient encore les âmes torturées d'une centaine de malheureux dont les cendres avaient été enfouies bien plus au sud, dans les gouffres de Kouh Malek Siâh, la montagne sacrée et emblématique des Afghans, des Iraniens, des Pakistanais et des Indiens. La « montagne du roi noir » avait, disaient-ils, des effets bénéfiques sur l'âme et sur la peau, elle soulageait les misères et redonnait des forces.

Cinquante années plus tard, Zâbol était devenue un haut lieu de tous les trafics et de toutes les combines : drogues en tous genres, armes de tous calibres, pierres précieuses. La chute du shah afghan Mohamad Zaher en 1973, l'installation de son cousin le prince Sardar Dâoud Khân qui abolit la monarchie, son assassinat, ainsi que ceux de deux présidents qui lui succédèrent, l'arrivée des Soviétiques en 1979, firent du poste-frontière de Khâvar un lieu de passage essentiel pour les réfugiés, les marchandises et la contrebande. Quand Moscou se retira dix ans plus tard, les modjâhédines tentèrent de gouverner une nation ingérable jusqu'à ce que les talibans prennent le pouvoir en 1996.

Des Hazaras, des Panchiris, des Tadjiks, des Pachtouns, fuirent l'Afghanistan par milliers d'abord, par dizaines de milliers ensuite. Les Iraniens fermèrent leur frontière sur plus de deux mille kilomètres et les passeurs firent fortune sur le malheur de leurs compatriotes. En trois ans, deux millions et demi d'Afghans avaient échoué dans une zone comprise entre Saleh Abad et Jenat Abad au nord et Harmak Abad et Zâhédan au sud. Chaque jour, des réfugiés arrivaient encore de l'est, harassés, épuisés et délestés de leurs derniers avoirs par des trafiquants peu scrupuleux. Le Croissant-Rouge iranien avait été dépassé par l'ampleur du phénomène, les organisations non-gouvernementales aussi. Le Haut Commissariat aux réfugiés fournit des centaines de tentes et des milliers de couvertures, procura médicaments et nourriture. Les observateurs les plus optimistes certifiaient que cet exode durerait quelques mois tout au plus et que les Afghans rentreraient chez eux ; les plus pessimistes comptaient en années. « Si on ne fait rien, on va droit à la catastrophe », commenta un jour le président iranien Mohamad Khatami, en visite dans la région.

Le régime taliban se maintint cinq années durant avec tous les interdits que l'on connaît.

Puis, il y eut le 11 septembre 2001, les bombardements américains, la fuite des talibans et l'arrivée de nouveaux réfugiés. « On ne peut pas accueillir toute la misère du monde », répétait inlassablement Mohamad Khatami. « Il faut renvoyer chez eux au plus vite les Afghans illégalement entrés chez nous », renchérit le guide de la République Ali Khâménéi.

Quand nous pénétrâmes, en décembre 2001, à Déhé Divâneh, un millier d'hommes et de femmes y vivaient, la plupart depuis une dizaine d'années, ayant surtout fui la terreur qui s'était installée après le départ des Soviétiques. Le village présentait des avantages pour ses nouveaux occupants : il était à l'écart des voies de communication, situé au bord d'un lac alimenté en eau pure, la terre environnante ne demandait qu'à être travaillée, une trentaine de petites maisons avaient résisté aux intempéries et aux fortes chaleurs estivales. En quelques semaines, on badigeonna les murs, on déboucha les canaux d'alimentation en eau, on retourna la terre et on aménagea la route qui avait été négligée depuis longtemps.

Les Afghans étaient d'abord arrivés par groupes de dix. Puis il y en eut dix fois dix, puis, comme nous l'affirma un garçon chargé de la livraison du pain, « certains jours, il y avait trois cents nouveaux arrivants. On ne savait plus où les mettre ».

L'Occident s'était montré à nouveau généreux et on avait livré des tentes, des couvertures, des tonnes de médicaments et de nourriture. Devant le flux de nouveaux arrivants fuyant les bombardements américains, il avait fallu parer au plus pressé et répartir ces immigrants plus au sud, vers Shileh et Harmak Abad jusqu'au Mirjâveh, vers l'est en direction de Séfidâbeh et Hossein Abad, au nord vers Assad Abad et Birjand. Six camps avaient été établis sur les deux rives du lac de Hamouné Hirmand et Déhé Divâneh était de loin le plus prospère et aussi le plus recherché.

Les maisonnettes en dur qui avaient abrité autrefois les simples d'esprit avaient été mises à la disposition des personnes âgées, des malades et des plus fortunés qui pouvaient payer une sorte d'impôt à une bande de trafiquants locaux qui avaient su au mieux profiter de leur désarroi. Des mafieux faisaient même payer la nourriture, les aliments gratuits, offerts par les Nations unies et les ONG. Ce trafic continue toujours aujourd'hui.

Ce qui surprend de prime abord quand on entre à Déhé Divâneh, c'est le silence du lieu. Pas le moindre cri d'enfant, ni l'aboiement d'un chien ou le chant d'un oiseau. D'ailleurs, il n'y a pas d'arbre ni de buisson dans ce bourg maudit et de mauvaise réputation. Tout y semble figé. Les hommes sont à la pêche, installés dans de frêles embarcations d'un autre âge. Les femmes sont dans les maisons ou sous les tentes, d'autres lavent le linge dans l'onde fraîche. Les enfants sont à l'école, les garçons sous une grande tente grise, les filles sous une tente autrefois blanche.

Des jardinets ont été créés mais semblent ne pas être très productifs. Malgré une irrigation intensive, la terre est morte, comme le disent les vieux de Zâbol. « Les fous l'ont tuée. » Ce qui est la vérité, c'est que ce vent bisannuel a depuis des années laminé et ravagé le meilleur de la terre du Baloutchestan, connu autrefois pour ses jardins et ses vergers. Aujourd'hui, le sol n'est que cendre et poussière.

Au sud de ce bourg préfabriqué, à l'écart, une tente, plus petite que les autres, en mauvais état, de couleur sombre, plantée au milieu de rien du tout, semblait vide de tout occupant. Une vieille femme nous interpella :

— N'y allez pas !

Devant notre surprise, elle insista :

— N'y allez pas, le *sheitân* l'habite...

— Le diable ? Mais quel diable ?

Elle tourna les talons. Que se passait-il sous cette tente noire, isolée des autres, silencieuse, comme figée pour l'éternité ? Un groupe de femmes revinrent du lac, leur panier de linge sur la tête. Il n'est pas correct d'aborder des femmes afghanes qui passent leur chemin, ni de les saluer. Sous le grillage de leurs tchadris, elles nous observèrent avec curiosité mais ne détournèrent pas la tête. Elles continuèrent leur route.

Plus loin, deux hommes pêchaient, certainement un père et son fils. Trois poissons gigotaient dans un seau. Le plus vieux des deux fumait la pipe, l'autre tenait une gaule en bois de noisetier au bout de laquelle pendait une ficelle.

— *Salâm al leikoum.*

— *Salâm.*

— La pêche est bonne ?

— Hier à la même heure, nous avions déjà attrapé huit poissons, aujourd'hui, c'est maigre.

On parla du temps, du vent, des cultures, des nouvelles du pays, de la neige qui avait tardé cette année, bref de tout et de rien.

— Je viens d'arriver, c'est joli ici.

Pas de réponse.

— Vous êtes combien dans ce village ?

Le plus jeune répondit :

— Un peu plus de mille, je crois.

— Et vous pensez rester longtemps ?

Il regarda l'ancien qui fumait toujours.

— La décision dépend de mon père et de mes grands frères.

— Vos grands frères ?

— Oui, eux là-bas, dans la barque, à gauche. Vous voyez ? Ils pêchent avec un filet. Ils sont très habiles.

Ce n'était pas avec eux qu'il fallait aborder le sujet de la tente solitaire. En tant qu'hommes, nous ne pouvions pas nous approcher des femmes au risque de provoquer une émeute. Or, elles seules devaient savoir ce qui se passait derrière les pans sombres de ce petit cône de jute qui se dressait à l'écart des autres demeures.

Des gamins tapaient dans un ballon au milieu d'un terrain plus ou moins plat. Deux tonneaux représentaient les buts. Ils ne se débrouillaient pas mal du tout, vu leurs accoutrements et l'état du sol. Seule la sphère de cuir était neuve et fascinait ces enfants qui couraient dans sa direction sans organisation ni esprit d'équipe. Des rires fusaient, des genoux saignaient et on se félicitait joyeusement quand la balle passait entre les buts.

Nous achetâmes une dizaine de bouteilles de jus de fruits, pensant ainsi attirer l'attention de ces gamins en sueur.

— *Salâm* !

— *Salâm âghâ*, bonjour monsieur.

— Vous jouez bien, très bien. Et votre ballon est splendide.

— On l'a depuis quelques jours seulement. C'est un monsieur étranger qui nous l'a donné. Il s'appelle Hans.

— Tenez, buvez, vous l'avez bien mérité.

Puis, ils repartirent au combat. Apparemment, si nous avions bien compris leurs règles, ils jouaient tous sur le même but. Le score était de huit partout quand ils décidèrent de s'arrêter. Ce fut dans une joyeuse pagaille qu'ils se jetèrent sur nos boissons..

— Vous n'êtes pas d'ici, monsieur ? se hasarda le plus bruyant d'entre eux.

Nous avions engagé la conversation, c'était exactement ce que nous recherchions.

Quelques instants plus tard, alors que le soleil commençait à décliner à l'horizon et que la température avait brutalement chuté, j'en sus davantage sur ce qu'il convenait d'appeler la tente maudite. De toute évidence, une jeune femme y vivait seule, considérée par le reste de la population comme une prostituée qui avait passé la frontière avec un groupe de femmes et d'enfants qui fuyaient les talibans de la ville de Farah. Elle s'appelait Bilqis et personne n'avait jamais entendu le son de sa voix, ni vu son visage.

— Qu'entends-tu par prostituée ? Tu es un peu jeune pour parler ainsi.

Mon interlocuteur, celui qui se démenait le plus sur le terrain et semblait le chef du groupe, peut-être âgé de douze ans, insista :

— Elle est une *fâéché*, c'est ce que tout le monde dit.

— Elle est putain ? Elle est putain ? C'est facile à dire !

— Tout le monde ici sait ce qu'elle faisait en Afghanistan et tout le monde sait ce qu'elle fait ici.

— Ici ?

— Oui, ici. De temps en temps, une voiture arrive de Zâbol et vient la chercher. Elle disparaît et revient quelques heures plus tard. Il paraît qu'elle rapporte de la nourriture, quelques vêtements et certaines personnes disent aussi qu'elle reçoit de l'argent.

Un copain l'interrompit :

— Mes parents m'interdisent d'approcher de sa tente. Autrefois, nous jouions au ballon là-bas, où le terrain est meilleur. A cause d'elle, nous devons jouer ici, où il y a des cailloux et des trous. C'est une sale pute et je lui crache dessus !

Et tous ensemble :

— *Tof bé rouyé !* Nous lui crachons dessus !

Ainsi donc cette petite communauté d'exilés, qui avait souffert depuis des années des affres de l'occupation et de la guerre, avait jugé l'une des siens, probablement sans preuve et sans témoin, et l'avait rejetée. Mais qui la nourrissait ? Comment vivait-elle ? Quels étaient ses besoins, quelle était son hygiène, quelles étaient ses souffrances, ses souhaits, si elle en avait ?

Le soir même, au centre d'un dispensaire européen, une infirmière européenne accepta de nous parler :

— Bilqis ? Oui, je la connais bien. Elle doit avoir vingt-cinq ans d'après ce que je pense mais elle en paraît tellement plus. Son regard est éteint, ses yeux comme deux émeraudes sans éclat.

— Parle-t-elle ?

— Si on la questionne, elle répond. Le problème c'est que mon dâri est limité.

— Je parle le persan, en fait le dâri. Pensez-vous qu'elle me parlerait ?

— Il est impensable que vous puissiez l'approcher, le village ne le voudrait pas. Elle ne le souhaiterait pas...

— Y a-t-il une hiérarchie à suivre pour tenter de l'aborder ? Y a-t-il une femme dans cette communauté qui ait une influence ?

L'infirmière réfléchit quelques instants :

— Il y a Zeinab, c'est elle qui s'occupe de toutes les veuves. Je pense qu'elle jouit d'un certain prestige, je lui en parlerai.

Le lendemain, nous fîmes la connaissance de Zeinab. Grande, robuste, la voix bien assurée, probablement la cinquantaine qu'elle cachait sous un tchadri vert pâle, elle nous écouta :

— Pourquoi vous intéressez-vous à cette diablesse, la honte de notre village ?

— J'ai rencontré d'autres femmes comme elle dans des camps plus au nord, vers Torbaté Heydarieh, puis aux alentours de Birjand. Toutes avaient la même histoire : elles ont été brutalisées, bousculées, violentées, soit par des Soviétiques, soit par les modjahédines, soit encore par des talibans, et ont été rejetées par leur famille.

— C'est de leur faute si elles ont été souillées et sont devenues des diablesses. Elles n'avaient qu'à fuir et se cacher. Ce qui leur est arrivé, elles l'ont bien voulu !

Le dialogue devenait impossible. Il nous fallait néanmoins trouver un argument pour que Zeinab acceptât de se réunir avec les autres femmes du village. Après nous être consultés avec notre média, nous décidâmes d'engager certaines dépenses censées satisfaire les femmes du comité des veuves et les enfants orphelins de leurs pères. Pour quelques centaines de dollars, nous obtînmes des ONG installées dans les alentours des réchauds, des coussins, des tissus, des ustensiles de toilette, du linge, et aussi des fournitures scolaires, des culottes, des maillots de sport, un filet et un ballon de volley-ball, des transistors et des appareils photo.

Au troisième jour, les palabres commencèrent en présence de Ann Grete, l'infirmière scandinave. Dix femmes au visage recouvert formaient un arc de cercle face à nous. Persan et anglais servaient à la conversation. Nombre d'Afghanes étaient bilingues.

— Pourquoi veux-tu t'entretenir avec elle ?

— Nous l'avons rejetée de notre communauté, quel intérêt a-t-elle pour toi ?

— Veux-tu faire commerce avec elle ?

— C'est le diable en personne ! Lui adresser la parole est un péché.

Chacune de ces femmes avait un point de vue. Il fallait les écouter sans rien dire, sans les interrompre. Nous avions remarqué qu'une seule parmi elles ne disait rien. Quand elles eurent terminé, Ann Grete intervint :

— Tout cela est certainement un peu excessif mais il y a une bonne part de vérité dans ce que nous venons d'entendre. Monsieur est journaliste. Il vient de loin et connaît notre pays depuis plus de quarante ans. Il a connu Mohamad Zaher Shah autrefois, du temps de sa splendeur aux côtés de la reine Homeira. Il a étudié en Europe avec Sardar Dâoud Khân, le cousin du roi, et Ahmad Shah, le fils du roi. Il est venu chez nous en temps de paix comme en temps de guerre, il a partagé vos souffrances sous la botte des Shoravis, durant la guerre civile et contre les talibans. Il parle votre langue et s'intéresse aux nombreux problèmes de la vie des femmes. Même des femmes qui sont tombées tout en bas de l'échelle sociale, des femmes qui pour vous n'ont plus de dignité et sont des diablesses. Elles ont été violentées par leurs maris, par les occupants, par des saints hommes parfois elles sont néanmoins devenues des *nadjes* aux yeux de votre société, telles des chiennes ou des truies. Ce sont cependant des êtres humains qui ont le droit de vivre, même sans dignité, mais qui méritent au moins compassion et clémence. Ce monsieur veut raconter l'histoire de cette femme pour que le monde connaisse vos souffrances et vos douleurs. Vous seules en déciderez.

C'est alors que la femme qui n'avait pas parlé prit la parole :

— J'ai à vous confier un secret : seules deux ou trois parmi vous êtes au courant. Dans ma famille également, une jeune fille a été brutalisée et tourmentée il y a quelques années par des Tadjiks ivres. Cela s'est passé à Kunduz. Nous l'avons rejetée, ignorée, diabolisée. Je me suis intéressée à elle, d'abord discrètement puis au grand jour. Au fil des mois, puis des années, elle s'est reconstruite. Elle vit à l'étranger aujourd'hui et travaille comme infirmière. Elle a été un exemple pour moi et devrait être un exemple pour nous toutes.

Une discussion s'engagea, on nous pria de quitter la salle, avec Ann Grete, jusqu'à la décision finale.

Trois quarts d'heure plus tard, une réponse positive nous fut donnée, assortie de certaines conditions : les femmes assisteraient à tour de rôle aux entretiens, l'infirmière européenne aussi, si elle le souhaitait. Les hommes devraient être tenus à l'écart de cette conversation. La femme exclue devrait rester dans sa tente et ne jamais se montrer, pas même une silhouette. Une heure nous serait attribuée le matin et le soir. Dans une semaine, tout devrait être terminé. Ces femmes exigeaient enfin, avant notre départ, que nous leur fassions lecture de notre travail afin d'en obtenir l'autorisation de diffusion. Notre travail pouvait commencer le lendemain. Les hommes en seraient informés mais on ne leur demanderait pas leur avis. Ann Grete et la doyenne des femmes de ce *shourayé zanân* ou assemblée de femmes allaient prendre contact avec la recluse non pour lui demander son accord mais tout simplement pour lui conseiller de collaborer, sans rien cacher.

— Faut-il lui apporter un présent? hasardai-je à la Scandinave.

— Surtout pas, cela vexerait les autres.

Huit femmes s'étaient installées sur des chaises autour de nous. La tente se trouvait à moins de deux mètres. La situation était surréaliste : à une vingtaine de mètres environ, trente hommes allaient et venaient, apparemment mécontents d'être tenus à l'écart. Ils vociféraient :

— Apportez-moi cette *faéché*, cette putain, je saurai m'en occuper!

— Honte à vous toutes, soyez maudites!

— Que le Tout-Puissant répande sa colère sur vous et vos enfants jusqu'à la septième génération!

Ann Grete s'avança vers la tente et en souleva

discrètement un pan. Elle susurra quelques paroles puis en ressortit. Elle nous fit signe que nous pouvions commencer.

— *Salâm al leikoum...*

Une voix à peine audible nous parvint :

— *Salâm.*

— *Hâlé shomâ khoub ast ?*

— Je vais bien, je vous en remercie.

— Comment t'appelles-tu ?

— Bilqis.

— Bilqis comment ?

— Tout simplement Bilqis. Je n'ai pas d'autre nom.

— D'où viens-tu ?

— Ma famille habite le village de Garm-Ab dans la province de Ghowar.

— Quand as-tu quitté ton village ?

— Je ne me rappelle plus. Dix ans peut-être, peut-être plus...

— Te rappelles-tu ton enfance ?

— Oui, monsieur, je m'en rappelle.

— As-tu des frères et sœurs ?

— Oui, j'en ai cinq.

— Et qui est l'aîné ?

— C'est moi, monsieur.

Nous marquâmes une petite pause. En regardant les femmes autour de nous, nous constatâmes qu'elles approuvaient notre mode d'entretien.

— Où est ton père ?

— Je ne l'ai pas vu depuis très longtemps. Je crois qu'il est mort à la guerre. Je n'en suis pas certaine. C'est ce que ma mère me disait.

— Quelle guerre ?

— La guerre contre les Shoravis.

— Ton père et ta mère te manquent-ils ?

— Oui, beaucoup, mes petits frères et sœurs aussi.

— Aimerais-tu retourner un jour à Garm-Ab ?

Il y eut un court silence. Nous répétâmes :

— Souhaiterais-tu un jour revoir Garm-Ab ?

— Oui.

Nous crûmes percevoir un bref sanglot dans sa réponse.

— Je vais revenir tous les jours, deux fois par jour, pour te poser des questions sur ta vie, ta famille, ton village, sur tes amies, si cela ne te dérange pas.

— Je vais essayer de m'en rappeler. Tout ça est bien loin... Je ne me souviens pas de tout.

— Ne t'en fais pas. Les souvenirs vont revenir les uns après les autres, ça te fera du bien d'en parler, de tout me dire, de ne rien oublier.

La première rencontre venait de se terminer. Les femmes regagnèrent leurs maisons, les hommes s'éparpillèrent en maugréant. Ann Grete nous dit :

— Je crois que ça se présente bien. Elle a été mise en confiance par Shokria, la femme qui avait pris en quelque sorte sa défense hier, vous vous en souvenez ?

— Je pense que ces entretiens, si nous pouvons les mener à leur terme, feront du bien à tout le monde. Nous sommes persuadés que ces hommes et femmes souffrent de cette situation. Tous et toutes, dans leurs villes et leurs bourgades respectives, ont subi ou ont été le témoin de violences et de brutalités sur des femmes ou des fillettes et tiennent à le cacher pour ne pas avoir à s'en justifier. Des rapports des Nations unies disent qu'au moins une famille sur deux a souffert durant l'occupation soviétique de sévices de toutes sortes, tortures qui n'ont pas cessé durant la guerre civile et le règne des talibans.

— Parmi ces femmes qui écoutaient votre présentation, il y en a trois qui ont aussi été violées. Une a même eu un enfant. Elles cachent leurs souffrances et leur honte en accablant Bilqis !

La nuit qui suivit le premier entretien avec la jeune femme rejetée ne fut pas de tout repos. Des hommes avaient commencé à rôder autour de sa tente, à crier des invectives, à jeter des pierres. Les femmes s'en mêlèrent, des coups furent échangés et il fallut toute la sagesse du plus ancien des réfugiés pour calmer les esprits.

Pendant onze jours, nous nous entretînmes avec Bilqis. Au fil des séances, elle semblait plus sûre d'elle, se rappelait souvent des détails qu'elle avait omis de nous dire la veille. Deux ou trois fois, il nous sembla même qu'elle riait en se souvenant d'un événement de son enfance. Puis, elle redevenait grave et le ton de sa voix changeait.

Il nous fallut remettre de l'ordre dans toutes nos notes. Nous les avons lues aux femmes de Déhé Divâneh, durant tout un après-midi et une bonne partie de la soirée. Elles ont écouté notre texte, hochant de temps en temps la tête, se regardant ou bavardant intensément entre elles lors des pauses que nous avions instaurées d'heure en heure.

Puis, nous quittâmes le village des fous, laissant derrière nous quelques amies, et surtout beaucoup de regrets et de souvenirs. Bilqis faisait désormais partie de notre vie.

Voici donc son histoire.

CHAPITRE 2

Le dernier now rouz

— *Mâdar! Hâzer ast!* C'est prêt!

Les enfants jouaient dans le jardin et la mère étendait du linge mouillé sur une corde suspendue entre deux arbres.

Bilqis, la fille aînée de la famille, avait revêtu une robe à fleurs qu'elle portait lors des grandes occasions. Depuis que le père était parti à la guerre, rares étaient les jours de fête mais le nouvel an, chaque 21 mars, donnait obligatoirement lieu à un repas meilleur que d'ordinaire. On se visitait entre voisins et on échangeait de très modestes cadeaux.

Cette coutume perse remonte à la nuit des temps. Avec peu de moyens, mais beaucoup d'imagination, la fillette avait installé à même le sol tout ce qu'il convenait de présenter pour un tel événement : sur un tapis lavé, séché par le soleil, et à nouveau aspergé, elle avait posé le Coran que seul le père lisait et qui n'avait plus été ouvert depuis trois ans. Il avait appartenu au père de son père, *khanbâbâ djân*, puis, avant lui, à son père, et ainsi de suite. Les pages avaient jauni. Tout au long de l'année, il était enveloppé dans un tissu et reposait sur une étagère hors de portée des enfants curieux et turbulents. Bilqis avait ensuite placé un miroir, celui devant lequel, tous les matins, sa mère se coiffait les cheveux avant de les enrouler, de les fixer avec une épingle et de les couvrir d'un foulard. La glace était fendue et tenait dans son cadre grâce à de très petits clous. De l'autre côté du saint livre reposait un bocal avec un poisson rouge que lui avait prêté une voisine et une assiette dans laquelle elle avait disposé des œufs que ses frères et sœurs avaient peints. La maman n'avait rien vu, c'était une surprise qui depuis des jours agitait sa marmaille.

— *Mâdar! Hâzer ast!* Venez tous!

Ce fut la ruée, puis des « ah » et des « oh » et des applaudissements. Une fois de plus, la petite Bilqis avait réussi son pari : émerveiller ses petits frères et sœurs et attirer un sourire sur le pâle visage de sa mère. Elle eut droit à un affectueux baiser maternel sur le front. Tout ce petit monde pria rapidement et s'assit autour du tapis. La mère avait reçu de la viande de sa voisine, ainsi que quelques légumes. Bilqis avait préparé les tomates et les œufs et avait fait chauffer les galettes de pain qui servaient d'assiettes. Rien ne manquait et quand fut donné le signal du repas, comme une nuée d'hirondelles, les enfants se ruèrent sur tout ce qui était à portée de leurs petites mains avides.

— *Yavâsh, yavâsh!* Doucement... Il y en aura pour tout le monde.

Une fois par an, quand la nature s'éveillait à nouveau à la suite d'un long hiver, que les animaux broutaient dans les prés et que l'on entendait la rivière chantonner en contrebas, c'était la fête dans la très modeste maison de Homeira et de ses six enfants, comme c'était la fête également dans les maisons avoisinantes, pour célébrer l'an nouveau. Nous étions désormais en 1368 [1].

Dès l'aurore, la maison avait résonné de petits cris joyeux et excités. Le premier levé ce matin-là avait été Fateh, le frère de huit ans, certainement le plus vif et le plus imprévisible des enfants ; toujours à courir, à effrayer les poules et à poursuivre les moutons, il avait continuellement les genoux et les coudes écorchés, le pantalon déchiré et le nez sale.

— Va chercher les œufs, lui avait intimé sa mère.

1. 1368 = 1989 après J.-C.

— Tout de suite !

Et il avait filé avec son cerf-volant à l'autre bout du pré.

Homeira avait dû insister trois fois avant que le garçonnet ne lui rapporte les œufs en courant. L'un d'eux lui avait échappé et s'était brisé sur le sol. Sa mère lui avait alors donné une taloche sur la tête.

— Cela ne fait pas mal, tu sais ?

Elle avait levé le bras à nouveau mais Fateh avait déjà déguerpi.

Second enfant de la famille, âgé de dix ans environ, Rahim était plus posé. Comme sa mère, il souriait peu. Il n'aimait pas les travaux des champs mais les exécutait quand même parce que son père était absent. Il attendait avec impatience son retour car il avait « envie de lire et d'écrire comme Massoud », disait-il à qui voulait l'entendre. Massoud était le fils du puisatier. Il avait des cahiers et des crayons et avait été pendant deux ans à l'école du voisinage. Il connaissait l'alphabet et Rahim en était jaloux.

— Tu sais bien que j'ai besoin de toi ici. Tu iras à l'école quand ton père sera de retour.

Il y avait ensuite les deux jumeaux qui devaient avoir six ans, un garçon du nom de Mirwais et une fille prénommée Maryam. Ils étaient pratiquement inséparables : ils dormaient sur le même matelas, se lavaient ensemble au puits, jouaient et mangeaient sans jamais se quitter. Ils étaient ce que l'on appelait des *doganégui* ou jumeaux miroirs. Mirwais était droitier et Maryam gauchère. Quand l'un tombait, l'autre pleurait, quand l'un était malade, l'autre souffrait. Ils faisaient les mêmes cauchemars, avaient les mêmes rires et aimaient pardessus tout échanger leurs vêtements, pour irriter leur mère, car ils étaient alors méconnaissables. Seuls les sourcils légèrement plus fournis et les oreilles plus grandes du garçon les différenciaient.

Enfin, il y avait la petite dernière, celle qui était née quelques semaines après le départ du père à la guerre et qui avait peut-être quatre ans. Shahlâ était des six enfants de Homeira celle qui avait la peau la plus blanche et les yeux les plus verts. Elle parlait aux oiseaux, caressait les agneaux avec tendresse et souriait à quiconque lui parlait. Etait-elle la préférée de la mère ? Possible. Elle était en tout cas le dernier souvenir d'un père qu'elle pressentait ne jamais revoir. Malgré les paroles encourageantes de ses voisines, elle savait que quelque chose s'était produit vers le Panchir, là où il avait été vu pour la dernière fois, là aussi où trois hommes du village étaient tombés en moins d'une année.

— *Batchâhâ... biâid!* Les enfants... venez!

En ce jour de nouvel an, on avait rudement amélioré l'ordinaire :

— Il y a du *âhak*! du *âhak*!

La mère avait fait des efforts et avait confectionné ce plat que les enfants adoraient, sorte de raviolis fourrés aux poireaux, agrémentés de lait caillé et d'ail, de viande hachée et de feuille de menthe. Servi sur une belle tranche de pain tiède avec du thé, cela devenait une fête.

En cette année-là, l'heure du *now rouz* se situait vers midi, donc tout le monde avait eu le temps de vaquer à ses occupations, d'installer le couvert pour le repas, de finir de peindre les œufs, d'attacher les dernières guirlandes. Homeira, qui avait promis de ne pas pénétrer dans la pièce principale tant que les enfants ne l'y avaient pas autorisée, s'était contentée de régner sur la cuisine et dans le jardin.

Chaque année, le nouvel an se fêtait dans la joie et l'allégresse. Les gosses du village venaient apporter des fruits et des bonbons, certains se travestissaient et se maquillaient. Les hommes se rencontraient sur la place du bourg, jouaient au trictrac tout en tirant sur le tuyau d'un narghileh. Parfois, des saltimbanques donnaient une représentation devant les enfants ébahis : un ours, un singe et une chèvre formaient une ménagerie ambulante qui allait de village en village, accompagnée d'un musicien à la flûte et d'un autre au tambour. L'ours se dressait sur ses pattes arrière, la chèvre grimpait aux barreaux d'une échelle et le singe faisait mille acrobaties.

Mais depuis deux ans, ni acrobates, ni musiciens n'étaient venus à Garm-Ab. On disait même que le flûtiste et le joueur de tambour étaient partis à la guerre.

— Mais l'ours, maman, qu'est-il devenu ? demanda Maryam. Il doit être tout seul !

— Ne t'inquiète pas, mon enfant. Il sera reparti dans la forêt où il est né. Il aura retrouvé sa famille et il doit être très heureux maintenant.

— Tu en es sûre ?

— Absolument.

— Et la chèvre ? Tu penses qu'elle a été mangée ?

— Mais non, on ne mange pas les chèvres. Elle donne du lait avec lequel on fait du fromage. Elle doit être chez quelque bon paysan qui saura bien s'occuper d'elle.

— Et le petit singe ?

Là, Homeira eut plus de mal à répondre.

— Ou bien il est avec d'autres acrobates et musiciens, ce qui est fort possible, ou il sera reparti lui aussi auprès des siens dans la forêt.

Maryam était celle de ses enfants qui la questionnait le plus et il fallait lui donner des réponses claires et crédibles. Homeira redoutait les questions concernant le père car elle n'avait aucune indication précise à fournir.

— Tu avais promis l'année dernière que *bâbâ* serait de retour pour le *now rouz*. Pourquoi n'est-il pas revenu ?

— Tu sais qu'il est parti pour se battre et défendre son pays contre des méchantes personnes. Son travail n'est pas encore fini.

— Mais pourquoi ces gens sont méchants ?

— Ils sont méchants parce qu'ils ont voulu prendre notre pays et ton papa.

Maryam posa beaucoup d'autres questions. Pourquoi ceci, pourquoi cela ?

— Dis-leur toujours la vérité quand ils te posent une question, lui avait dit un jour son époux. Ce n'est pas toujours facile mais les enfants sont intelligents et un jour, ils te rappelleront ce que tu leur as dit.

Mais comment leur dire que leur père était sans doute mort à la guerre, porté disparu, qu'on n'avait plus de ses nouvelles depuis longtemps ! Elle savait que tomber entre les mains des modjâhédines dans ces années-là signifiait une balle dans la tête ou la corde au cou. On ne rendait jamais les corps. Ils étaient enterrés sans linceul, dans des fosses communes, sans rituel ni prière, comme des chiens.

Homeira était née à Garm-Ab aux alentours de 1960 et y avait grandi. Aucun acte civil ne mentionne sa naissance officiellement. Tout ce qu'elle savait, c'est qu'elle était arrivée au monde une année après son frère aîné, Hassan Shah, et qu'elle était plus âgée que son frère cadet, Ahmed Shah. De toute son existence, elle n'avait jamais quitté le bourg, et son horizon avait toujours été le même. Ses parents étaient pauvres parmi les pauvres et, en qualité de fille aînée de trois autres sœurs, elle représentait un capital inestimable pour ses parents, le jour où ils l'offriraient en mariage.

Toute son enfance s'était déroulée auprès de sa mère, à exécuter à ses côtés des tâches ménagères et des travaux des champs. A dix ans, elle fut promise à un des fils des voisins, de trois ans son aîné, Gul Mohamad. De toute évidence, c'était un bon parti car leur maison était plus grande, leur champ plus étendu et leur cheptel plus important.

L'union eut lieu en 1976 et tout le village fut de la fête. Même le fou fut convié. On le surnommait ainsi car il secouait tout le temps la tête, parlait à un morceau de bois qu'il traînait au bout d'une ficelle et se lavait tout habillé dans la rivière. On avait tué un mouton et on joua du ney et du toulâ ; les hommes dansèrent et des présents furent échangés : Gul Mohamad apportait en dot un tapis, deux brebis, une paire de boucles d'oreilles ayant appartenu à sa mère et une lampe à pétrole. Homeira n'avait pas grand-chose d'autre à offrir qu'une paire d'espadrilles en corde que son père avait confectionnées, et un matelas neuf qui servirait de couche nuptiale aux époux. Elle habiterait chez ses beaux-parents le temps qu'une maisonnette soit aménagée.

— Donne-nous vite un fils, fort et vigoureux, lui avait ordonné son beau-père.

— Donne-nous un fils aussi beau que notre Gul Mohamad, avait ajouté sa belle-mère.

Sous son voile qui lui cachait le visage, l'enfant n'avait rien répondu. Elle avait été maquillée et épilée le matin même par deux femmes qui étaient tout à la fois coiffeuses, tireuses de cartes, et laveuses de mortes.

— Tu as bien entendu, mon fils, insista son beau-père, je veux un garçon, pas une fille. Une fille qui naît en premier dans une famille, ça porte malheur.

— Je ferai de mon mieux, père, répondit Gul Mohamad. Je vous donnerai un fils, *inch Allah*!

— *Inch Allah!* reprit la foule.

Dix mois plus tard naissait Bilqis. Cette naissance créa un froid entre les deux familles mais tout revint dans l'ordre avec l'arrivée de Rahim, deux ans plus tard, suivie de celle de Fateh en 1981.

Gul Mohamad et Homeira construisirent leur logement tout près de ceux de leurs parents. On leur donna un lopin de terre, quelques fournitures et des animaux. Puis vinrent les jumeaux et le très rigoureux hiver qui coupa le village du reste du monde. Les morts ne purent être enterrés tant le sol avait gelé et on dut entreposer les corps dans les draps sur le toit des maisons, en attendant le dégel.

Au village, la vie était rude, notamment entre novembre et mars, quand il fallait lutter contre les loups qui s'approchaient des maisons et égorgeaient les moutons, le froid qui gelait les récoltes sur pied et obligeait les hommes, tous les jours, à briser la glace de la rivière. Certains matins, on ne parvenait même pas à sortir de sa maison et il fallait compter sur le secours des voisins qui venaient déblayer la neige tombée en quelques heures. Cela ravissait les enfants. Les parents, beaucoup moins.

Les nouvelles du pays ne parvenaient pas facilement jusqu'à Garm-Ab. Il avait fallu bien des années aux habitants pour apprendre que leur roi Mohamad Zaher avait fui à l'étranger avec sa famille. Seuls les plus anciens avaient encore un souvenir de ce monarque, venu chasser autrefois dans la région et présenter au peuple la jeune souveraine qu'il venait d'épouser et qui s'appelait Homeira. (C'est en l'honneur de la souveraine que sera prénommée ainsi la mère de Bilqis.) Puis, un jour, la rumeur s'était répandue que le cousin du roi, le nouveau chef du pays, avait été assassiné et remplacé par un président. A Garm-Ab, on n'y comprenait plus rien. On était loin des événements de Kaboul, on voyait rarement des soldats, encore moins des gens importants. Aucun journal ne parvenait jusque-là et personne ne possédait de transistor. Seul un déplacement à Masjed Nezar permettait de recueillir des informations, et encore, pas toujours véritables et encore moins vérifiables.

Un jour, vers la fin de l'année 1979, la population fut rassemblée sur la place centrale du bourg. La neige avait cessé de tomber et tout était blanc : les toits, la ruelle, le puits, le blanc et l'arbre qui l'abritait, les jardinets, les barrières. Le *khân*, sorte de maire local, prit la parole :

— Un homme est venu ce matin d'Alandâr. Le voici. Il s'appelle Djân-Ali et voici ce qu'il m'a dit : il y a deux jours, les Shoravis sont entrés en Afghanistan. Ils sont des milliers d'hommes, ils ont pénétré dans Kaboul, Mazar-

Sharif et Kandahar. Ils bombardent, ils tuent, ils pillent, ils brutalisent.

Un murmure parcourut la foule. Les femmes rentrèrent chez elles et s'y barricadèrent. Elles savaient très bien ce que signifiaient ces brutalités.

— Ils ne viendront pas ici avant longtemps, mais soyez prudents. Un jour, ils arriveront jusque dans cette région. Laissez-les passer leur chemin et ne leur parlez pas à moins d'être questionnés. Ne les laissez pas entrer chez vous, ces gens-là sont le diable. Ils ne croient pas en notre Dieu, ils ne croient en rien sinon à la vodka et à l'argent.

Garm-Ab était si loin de toute cette agitation. Qui savait même que cette localité existait ? Avec un peu de chance, jamais un Soviétique ne serait vu dans les parages...

Il faudra attendre trois ans avant qu'un détachement d'une trentaine de soldats vienne s'installer à proximité du village, près de la rivière. Suivant les consignes, personne ne les approcha. Ils bivouaquèrent deux semaines puis repartirent un matin, sans s'être mêlés à la population. Le bourg n'intéressait personne. Il était loin de tout. Adossé à une montagne culminant à plus de deux mille mètres, il avait été fondé deux cents ans auparavant par des forestiers qui, au fil des décennies, avaient massacré l'immense futaie de hêtres, de frênes et de bouleaux. En bas coulait une rivière qui permettait l'acheminement des troncs vers l'usine voisine. Ce lieu avait déjà connu toutes les invasions : celles des Mongols, des Perses, des Ouzbeks, des Russes et même des Chinois. A chaque fois, l'ennemi avait été refoulé. Mais cette fois-ci, l'affaire semblait plus grave. Un immense rouleau compresseur avait écrasé le pays tout entier. Partout, des sergents recruteurs prêchaient la bonne parole dans les provinces les plus recuées, parlant de la lutte du Bien contre le Mal, du combat de Dieu contre le Diable. Huit jeunes du village et six plus âgés avaient déjà revêtu l'uniforme. Dans un premier temps, les pères de famille avaient évité la conscription mais Homeira savait que son mari pouvait quitter la maison à tout moment et elle redoutait cet instant chaque fois qu'un étranger pénétrait dans la bourgade ; venait-il chercher d'autres combattants, des héros, futurs martyrs ?

Elle aimait Gul Mohamad. Certes, ils ne se causaient pas beaucoup. Un *salâm* le matin au réveil, un *khodâ hâfez* quand il partait travailler, et quand la faim ou la soif le tenaillait, il hurlait vers l'enfant le plus proche « *Nâhâr hâzer-é ?* » ou « *Ab biâr, zoud bâsh* ». Et l'enfant courait vers sa mère demander si le repas était prêt ou revenait avec une cruche d'eau fraîche. Pas un baiser, pas un geste tendre. Tout se disait par des regards, des silences, des mouvements rapides. Quand en 1985, ils décidèrent d'avoir un sixième enfant, tout se passa le plus naturellement du monde : Bilqis, qui venait d'avoir huit ans, emmena ses frères et sa sœur chez leur tante Shokat, quelques dizaines de mètres en contrebas, pour un goûter d'anniversaire. La maisonnette était ainsi devenue vide. Gul Mohamad s'allongea torse nu sur la couche et but un verre d'eau. Il entendait son épouse laver la vaisselle dans la cuisine voisine et attendit qu'elle ait terminé pour lui dire :

— *Biâ indjâ !*

Aucune réponse. Il insista.

Toujours aucune réponse. Intrigué, il se leva et constata qu'elle étendait la lessive dans le jardin. Il patienta jusqu'à son retour.

— *Biâ indjâ !*

Cette fois, elle avait compris. Docilement, Homeira s'approcha. Sans un mot, avec pudeur, elle ôta ses effets ainsi que le foulard qui protégeait ses cheveux, et se glissa sous un drap que son époux avait déplié pour l'occasion. L'acte sexuel, s'il était rapide et brutal parfois, se faisait néanmoins avec réserve et une certaine honte : jamais on ne montrait son corps, jamais on ne touchait le sexe de l'autre. Jamais on ne se caressait, ni ne manifestait aucune émotion, ni jouissance. Ainsi fut conçue Shahlâ.

Sitôt l'acte terminé, Homeira se leva la première, enveloppant son corps dans ses vêtements, et fila vers la cuisine. Elle versa de l'eau dans une écuelle et se lava, quasiment assise sur l'ustensile. Quelques instants plus tard, elle vaquait de nouveau à ses occupations. Quant à son mari, il prit tout son temps pour faire ses ablutions, enfila un pantalon et une chemise et s'en alla au puits remplir deux brocs pour la famille.

Homeira tomba enceinte et donna naissance à sa troisième fille. Gul Mohamad n'eut que le temps de l'admirer ; il fut réquisitionné. Sans un mot, il fit son maigre paquetage composé d'une chemise, d'une paire de souliers, d'un caleçon, d'un mouchoir et d'un peu de terre de son jardin qu'il avait mis dans une fiole. Il n'embrassa aucun de ses enfants et se contenta d'un *bé omid didâr* et d'un bref *khodâ hâfez*. Oui, il avait l'espoir de les revoir. Trois autres jeunes pères de famille avaient été mobilisés. Maryam pleura sans bien comprendre où allait son père et Homeira referma la porte de sa maison derrière elle. Pendant une semaine, elle refusa de voir quiconque, pas même sa sœur Shokat et sa meilleure amie Tâhareh.

Les enfants questionnèrent :

— Il revient quand *bâbâ* ?

— Bientôt, très bientôt.

— C'est quand bientôt ?

— Après l'hiver, quand le *now rouz* sera revenu.

Mais il y eut des hivers et des *now rouz* et personne au village n'eut jamais de nouvelles des hommes qui avaient été emmenés.

Les Soviétiques manœuvraient au loin, parfois même on entendait le canon. Un jour, un hélicoptère descendit se poser à moins de cinq cents mètres et des hommes en sortirent. D'autres s'y engouffrèrent et, dans un fracas assourdissant, il reprit l'air. Les habitants, fascinés par ce qu'ils venaient de voir, étaient restés médusés et silencieux. Les animaux avaient couru dans tous les sens, les oiseaux s'étaient envolés et les arbres s'étaient courbés sous la violence du souffle.

Un autre jour, deux Shoravis entrèrent à Garm-Ab. Portes et volets se refermèrent aussitôt mais l'un des soldats tambourina à la porte de l'épicerie-mercerie :

— *Bâz kone !* ouvre !

Il dut s'y reprendre à trois fois avant que la porte ne s'ouvre.

— *Salâm al leikoum*. N'ayez crainte, je parle votre langue, je suis musulman.

Le boutiquier semblait pétrifié.

— Avez-vous des allumettes et du tabac ?

— Des allumettes, en voilà. Du tabac, ce n'est que du tabac de pipe ou de narghileh.

— Le tabac de pipe, ça ira.

— Donnez-moi aussi une livre de *shirini*, il paraît qu'ils sont excellents. Vous les faites avec quoi vos bonbons ?

— Du miel, de l'eau de rose, parfois des cerises, quand on en a.

Ils payèrent et s'en allèrent. Tout le village se rua alors dans la boutique :

— Alors, raconte !

Dix fois, vingt fois, il avait répété. « Oui, ils parlent notre langue, oui, ils sont musulmans. Ils ont été polis et ont payé. »

Des mois durant, cet épisode fut commenté...

Tôt un matin, des coups violents furent assenés à la porte de la maison. Le soleil ne s'était pas encore levé. Bilqis ouvrit la porte à trois soldats.

— Ton père est là ?

— Non, seulement ma mère.

— Va la chercher.

Homeira installa un foulard sur ses cheveux et serra un châle sur ses épaules.

— Où est ton mari ?

— Il est parti depuis longtemps déjà. Des hommes que je ne connais pas sont venus le chercher et je ne sais pas où il est.

— Ces hommes, qui sont-ils ?

— Je ne sais pas.

— Quelle langue parlent-ils ?

— Le dâri, le persan.

— Ce sont des traîtres de modjâhédines, dis-nous la vérité.

— Quand il est parti, j'étais à la rivière en train de laver le linge. Quand je suis remontée, il était déjà loin.

— Tu sais qui nous sommes ?

— Vous êtes des soldats afghans.

— Nous sommes des soldats qui recherchons tous les traîtres et tous les ennemis de la nation, tous les fuyards et tous les peureux. Tu comprends ce que je te dis ?

— Oui, je le comprends.

Des cris se firent entendre au fond de la maison.

— Combien d'enfants as-tu ?

— Dieu m'en a donné six, trois garçons et trois filles.

— Entrons voir, dit le plus méfiant des soldats.

— *Mâch' Allah!* Regardez-moi ça! Qui est l'aîné?

— C'est moi, dit Bilqis. J'ai douze ans, je crois.

— Et le dernier-né, c'est lui?

— C'est elle, Shahlâ, elle a tout juste trois ans.

— Ton mari, c'est bien Gul Mohamad qu'il s'appelle?

— Oui, Gul Mohamad, fils de Gul Ahmad.

— Il connaît la petite Shahlâ?

— Il l'a vue avant de partir à la guerre.

— Cela fait donc trois ans qu'il est parti, c'est bien ça?

Homeira baissa la tête. Qu'allait-il lui apprendre? que son mari était mort? qu'il était un traître?

— Combien d'hommes sont partis? Vingt, trente, plus?

— Je ne sais pas combien. Tout ce que je sais, c'est qu'il n'y a plus un seul homme ici entre quinze et cinquante ans, à l'exception de quelques malades et estropiés, Dieu m'en est témoin.

— Laisse Dieu tranquille. On a appris que certains hommes du village ont été aperçus ces dernières semaines dans le coin jusque vers Sard-Ab. Que sais-tu à ce sujet?

— Je n'ai vu aucun homme du village

depuis longtemps. Ce sont nous, les femmes, qui faisons tous les travaux et soignons les animaux. Des hommes, je n'en ai vu aucun, ni chez moi ni chez mes voisines.

Les trois soldats allèrent ainsi de maison en maison, posant les mêmes questions, inspectant et fouillant, retournant ce qui leur semblait suspect.

Le soir même, les vieux se réunirent. La nouvelle circulait depuis quelque temps que les Shoravis allaient se retirer et que l'armée afghane allait prendre la suite. Tout devrait aller mieux alors...

— Et les femmes, que vont-elles devenir sans leurs maris ?

— Ne t'en fais pas. Grâce à Dieu, ils vont tous revenir sains et saufs, tu verras.

— Et s'ils ne revenaient quand même pas ?

— Alors, il faudra s'occuper des veuves.

— Ce ne sera pas facile. Ma belle-fille, par exemple, m'a dit qu'elle ne se remarierait jamais plus et pourtant, elle n'a pas quarante ans !

— Et moi, j'ai épousé la femme de mon frère quand il est mort. Eh bien, elle m'a donné trois enfants. Et l'aîné est lui aussi parti se battre.

— Tu nous vois, à nos âges, nous marier avec des femmes qui ont trente ou quarante ans de moins que nous, qui pourraient être nos filles, ou nos petites-filles ?

— Dieu nous a donné la force et la puissance. Aussi longtemps que je vivrai, j'aurai deux femmes. Je n'en ai plus qu'une aujourd'hui. J'ai du bien, une maison de trois chambres, il y a de la place pour une autre femme chez moi. Tiens, Zahra, par exemple, elle me plairait bien...

— Zahra ? La fille de Shir Ali ? Mais tu n'y penses pas ? On dit qu'elle est malade. Son visage est ravagé de petits trous...

— Je me souviens d'elle autrefois, petite fille. Qu'elle était belle ! Elle est devenue la femme de mon neveu. Je l'ai vue grandir, devenir femme et mère de famille et jamais je ne l'ai oubliée. Si elle veut de moi, je la prends. Et puis, elle a des animaux, de la terre...

— Tu n'as pas honte de parler comme ça ? Et si Shir Ali revenait ?

— Il ne reviendra pas, je le sais. Aucun de nos fils ne reviendra. Dieu est en colère après nous.

— Dieu n'est jamais en colère, tu le sais. Dire cela, c'est blasphémer.

— Que faut-il dire, alors ?

— Dis simplement que, pour le moment, le Tout-Puissant est triste et qu'il nous tourne le dos. Quand nous serons meilleurs, il nous prendra à nouveau dans ses bras.

En ce jour d'automne 1988 particulièrement chaud, il y eut beaucoup d'agitation dans la vallée. Au loin, des nuages de poussière montaient vers le ciel. On entendait gronder les moteurs et vrombir les turbines des hélicoptères. Quelques hommes du village s'aventurèrent au-delà de la limite de leurs champs, derrière les collines environnantes. Quand ils revinrent, le soir, ils rassemblèrent les anciens et tinrent une sorte de conciliabule. On servit le thé et la pipe circula de bouche en bouche.

— Les Shoravis s'en vont maintenant. C'est certain.

— Dieu soit loué ! Dix ans, c'est bien long...

— Et tout ce sang versé ! Et nos enfants qui ne sont pas revenus...

— Etes-vous vraiment sûrs que les Shoravis s'en vont ?

— Ils ont installé deux ponts en fer sur le fleuve et des camions et des tanks le traversent vers le nord.

— J'ai vu aussi des soldats traversant à pied. Ils semblaient heureux.

— Que le Tout-Puissant soit remercié !

— Quand en serons-nous officiellement informés ? Personne ne nous a encore rien dit.

— Si dans les trois jours, nous n'apprenons rien, je me rendrai à Alandâr. Là-bas, ils doivent savoir, ils ont la radio.

— Et le téléphone aussi.

Les femmes furent informées que les Soviétiques semblaient quitter l'Afghanistan. Homeira écouta sa voisine.

— Cela veut dire que Gul Mohamad...

Elle ne put finir sa question.

— Cela ne fait aucun doute. Prie Dieu, il te le rendra.

— Et pour toi, comment cela va se passer ?

— Tu sais que mon mari est mort il y a trois ans. On m'en a informée.

— Mais te rendra-t-on le corps ?

— Je ne le pense pas. Il a été enterré avec trois camarades vers Herat. C'est loin Herat. Qu'il repose en paix, où qu'il soit. Ne le dérangeons plus, c'est mieux ainsi.

Garm-Ab comme Sard-Ab furent officiellement informés que les ennemis se retiraient, que les armes s'étaient tues, que le Tout-Puissant avait sauvé la patrie, que les hommes allaient revenir et que la vie reprendrait son cours, comme elle était avant qu'on vienne la déranger.

Trois hommes invalides revinrent au village : un unijambiste, un borgne et un manchot ; triste spectacle que le bourg accueillit avec douleur et dignité. Gul Mohamad n'était pas du nombre. Homeira se savait veuve depuis longtemps et, pour elle, la vie ne changeait pas. Il fallut alors expliquer aux enfants que leur père ne reviendrait pas.

— Il est où, *bâbâ* ?

— Il est là-haut, dans le ciel. Il nous voit et il nous aime. Il nous protège. Vous le prierez tous les jours, soir et matin.

CHAPITRE 3

« *Maman, j'ai été salie...* »

— Bilqis, viens ici !

La voix de la mère interrompit la sieste des enfants. Le soleil était à son zénith et la petite marmaille se reposait à l'abri d'un saule. La chaleur était telle que même les brebis s'étaient allongées.

— Bilqis, viens ici !

La gamine se redressa d'un bond, ajusta son foulard sur ses cheveux et courut vers la maisonnette.

— Enfin te voilà ! Quand je t'appelle, je veux que tu viennes plus vite que ça. Tu entends ce que je te dis ?

— Oui, mère, pardonne-moi.

— Depuis que ton père est parti, je dois tout faire toute seule. Tu es l'aînée, tu dois m'aider. Va laver le linge à la rivière et lave-le proprement cette fois ! Hier, les draps étaient sales.

Le torrent coulait en contrebas du village.

On entendait son mugissement mais on ne le voyait pas. Le courant était puissant et avait souvent emporté des enfants imprudents et des animaux égarés. Durant les longs mois d'hiver une épaisse couche de neige et de glace le recouvrait, rendant la nature à son silence et aux seuls cris des loups affamés.

Chaque jour Bilqis y descendait sur ses frêles épaules une lourde charge de tissus multicolores qu'elle allait laver pendant plus d'une heure. Une fois installée au bord de l'eau, l'adolescente n'entendait plus que le bruit du courant. Elle posait toujours son panier à la même place, dans un recoin de la rivière où le débit semblait plus lent. Elle chantait tout en frottant son linge contre une pierre plate et polie. Aujourd'hui, Djamileh ne l'accompagnait pas. C'était la fille des voisins et son unique amie.

Accroupie au bord de l'eau, elle lavait consciencieusement les effets de son petit frère. Elle savait que sa mère la gronderait si elle n'enlevait pas toutes les taches de souillure. Elle savait aussi que le chemin du retour était long, la pente rude et la lessive mouillée pesante.

Elle prenait son temps, frottait et refrottait le tissu tout en chantant des mélopées que sa mère lui avait apprises.

— Ne reviens pas avant que le soleil ait disparu derrière la colline. Lave et relave !

Elle savait que le soleil brillerait encore longtemps. Après l'avoir essoré, elle remonterait rapidement à la maison et étendrait le linge sur des cordes. Avant la fin de la journée, tout serait sec.

— *Au bord de l'eau,*
il y a un petit oiseau,
il me regarde dormir,
il trempe son bec courbé,
sa gorge est orange,
il me regarde inquiet,
il, il, il...

Soudain, elle se figea. Elle voyait un visage se refléter dans l'onde. Elle n'osa pas se retourner. Son cœur se mit à battre de plus en plus vite, ses mouvements devinrent saccadés. Elle voulait effacer ce visage d'homme qu'elle avait aperçu dans l'eau. Trois fois, quatre fois, elle frotta son linge avec plus d'énergie mais à chaque fois, elle revoyait l'homme qui se tenait derrière elle. Elle ne bougea plus, terrorisée.

— *Salâm !*

La voix était douce, calme.

— N'aie pas peur, je ne te veux aucun mal.

Il approcha d'un pas puis s'arrêta.

— Regarde-moi, tu vois, je parle ta langue.

Bilqis se redressa sans toutefois se retourner.

— Tu veux des bonbons ? j'en ai dans ma poche. Il y en a à la fraise, au citron, à l'orange... Tiens, prends-en un.

La fillette sentit soudain une main sur son épaule. Un bref moment, elle regarda son interlocuteur puis baissa les yeux.

— Tiens, prends.

Elle prit la friandise et la garda dans la main.

— Ne le croque pas, suce-le seulement. Tu vois comme c'est bon ?

Le jeune homme n'avait pas dix-huit ans. Il était brun et très basané. Il avait le cheveu noir et le visage asiatique. Il portait un uniforme militaire que l'enfant reconnut tout de suite. C'était un Soviétique, botté, casqué et armé.

— N'aie pas peur, je parle ta langue, je suis de la même religion que toi. Je m'appelle Rahim, je fais les mêmes prières que toi.

Il s'approcha.

— Et toi, comment t'appelles-tu ?

L'enfant ouvrit la bouche mais aucun son n'en sortit. Elle fit un pas en arrière, buta sur une pierre et tomba. Le soldat lui prit un bras et la releva. Un effet était tombé dans l'eau et il le ramassa.

— Tu t'es fait mal ?

Elle secoua la tête.

— *Al hamdo-l-Allah*, grâce à Dieu.

Rahim posa son arme, ôta son casque et s'accroupit.

— Viens, je vais t'aider, ça ira plus vite. Puis,

on le portera chez toi. Ça doit être lourd à porter pour une enfant comme toi !

Sans prononcer le moindre mot, l'enfant et le soldat frottèrent le linge dans l'onde fraîche, avec les mêmes gestes rythmés et méthodiques. Rahim s'était mis à chanter une mélodie de son pays.

— Je suis tadjik et mon village s'appelle Gilikut. Nous aussi, nous avons une rivière, elle s'appelle Vahs et, souvent, j'aide ma mère à laver les draps et les vêtements de la famille.

Il fixa la fillette qui n'osait toujours pas lever son regard.

— Tu as une maman ?

Elle hocha la tête.

— Des frères et sœurs ?

Elle acquiesça à nouveau.

— Et un papa ?

Elle hésita un court instant avant de confirmer.

— Viens, on a terminé. On va tordre le linge, toute l'eau en sortira et ce sera moins lourd à porter.

Cette fois, Bilqis fut bien obligée de regarder Rahim dans les yeux ; il lui faisait face et lui souriait. Elle fit de même. Le soldat semblait joyeux et se remit à chantonner.

— Tu sais pourquoi je suis content ?

— Non, murmura-t-elle.

— Parce que je rentre chez moi, à la maison. Je n'ai pas vu ma mère depuis deux ans. Mon père est mort et elle doit s'occuper de mes deux petites sœurs et de mes trois frères. C'est beaucoup pour une femme seule...

Rahim remit son casque, passa son arme en bandoulière par-dessus sa tête et s'empara de l'anse du panier.

— *Ya Allah!* On y va!

A peine avaient-ils entamé le sentier qui quittait la berge du cours d'eau qu'un cri s'éleva, venant d'en haut :

— Eh, toi, qu'est-ce que tu fais?

Le soldat leva la tête et reconnut Vassili, son camarade de chambrée.

— Je l'aide à porter son linge.

— Pose ça par terre, ce n'est pas ton travail.

— Jusqu'en haut de la falaise seulement.

Le cliquetis d'une arme automatique se fit entendre.

— Pose ça immédiatement, sinon je tire!

Le jeune homme posa le panier par terre et regarda son collègue qui le tenait en joue.

— Et maintenant?

— Maintenant, tu montes et tu rejoins le peloton avant que je fasse un rapport. Je m'occupe de la gamine, allez ouste, file!

La terreur se lisait dans le regard de Bilqis. Elle lâcha le panier auquel elle s'agrippait, voyant avec effroi l'homme qui descendait vers elle. Vassili était grand, blond, avec les yeux bleu clair profondément enfoncés dans leurs orbites. Il arborait un large sourire. Quand il fut à un pas de l'enfant, il s'arrêta et la questionna :

— Comment t'appelles-tu ? Ton nom ? Fatemeh ? Massoumeh ? Comment ?

— Bilqis.

— Bilqis. Tu t'appelles Bilqis. Mais ce n'est pas un nom, ça ! Et tu as quel âge ?

La fillette secoua la tête et haussa les épaules.

— Quel âge as-tu ? Dix ans ? Onze ? Douze ?

Il comptait sur ses doigts pour lui faire comprendre.

— Tu as onze ans ? Douze ans ? Plus ?

Bilqis leva sa main droite et compta. Elle s'arrêta à douze.

— Ah ! douze ans ! Tu en parais plus. Tu es grande et belle.

Il lui toucha la joue et elle fit un pas en arrière.

— N'aie pas peur, je ne te ferai rien. Je m'appelle Vassili. Approche...

Elle fit un nouveau pas en arrière et faillit heurter un rocher. Il la saisit et l'attira contre sa poitrine. Aucun cri ne sortit de sa bouche, elle se laissa tomber et ferma les yeux.

— Mon Dieu, pardonnez-moi...

Vassili s'était allongé à côté de Bilqis et tentait tant bien que mal de relever sa jupe. Il n'y parvint pas tout de suite et s'énerva. Il sortit alors un poignard de sa poche et trancha le tissu à fleurs. Une cuisse apparut, puis une autre. Sa forte main calleuse caressa la chair blanche et douce et remonta jusqu'à la culotte de coton.

Le Soviétique n'avait pas touché une femme depuis des mois et cette jeune proie facile et certainement vierge l'avait mis dans tous ses états. Il transpirait à grosses gouttes sous le soleil rouge qui lui brûlait le dos et cette vareuse dans laquelle il était empêtré. Il tenta de faire glisser la culotte de l'adolescente mais n'y parvint pas. Il se redressa et se mit sur ses genoux. Une fois torse nu, il déboutonna son pantalon et arracha avec force le sous-vêtement de la fillette. Elle ne bougeait toujours pas. Lentement, il écarta les cuisses de Bilqis et la regarda :

— Tu es belle, tu sais. Tu es encore une enfant, ta peau est toute fragile... Tu es imberbe, je n'ai jamais vu ça, on dirait une poupée... On va jouer tous les deux...

Il glissa sa main entre les cuisses de la jeune Afghane et lui caressa le sexe. A ce moment, Bilqis ouvrit les yeux et fixa son agresseur. Un immense cri s'échappa de sa gorge, un cri strident et interminable, qui effraya un corbeau et surprit Vassili.

— Tais-toi, ferme-la, sale putain !

Toute la vallée entendit ses hurlements mais personne ne bougea. Depuis dix ans, le pays avait appris à ne pas se mêler des affaires de l'occupant : des viols, il y en avait eu des milliers, des meurtres également. Au loin, un chien aboya, une mère appela ses enfants, on se barricada chez soi.

Bilqis se débattait contre la masse impressionnante du soldat. Elle lui envoya de la terre au visage, il la gifla violemment et se coucha sur elle, lui maintenant les cuisses écartées. Elle le mordit à l'oreille, lui tira les cheveux en arrière, mais rien n'y fit. Elle ressentit une vive blessure au bas-ventre, une chaleur monter en elle, puis plus rien.

Vassili, pantalon baissé, était couché sur sa victime. Il semblait endormi, du moins épuisé par l'effort. Il n'entendit pas un homme descendre la pente au-dessus de sa tête, lentement dégainer un pistolet, appliquer le canon sur l'arrière de son crâne et tirer. La détonation fut puissante. L'écho des montagnes avoisinantes amplifia et prolongea son bruit. Des voix s'élevèrent, des ordres fusèrent, des bruits de bottes se firent entendre. Une dizaine de soldats dévalèrent la pente et se figèrent.

— Que se passe-t-il, Rahim ?

Le jeune Tadjik se retourna, l'arme à la main.

— C'est Vassili, sergent.

— Qu'est-ce qu'il a fait Vassili ?

— Il a violé une enfant de douze ans.

— Et alors ?

— Je lui ai mis une balle dans la tête, sergent.

— Pose ton arme, Rahim !

Le soldat obtempéra et leva les bras. Une autre détonation claqua dans le soleil. Le jeune Tadjik s'écroula, touché entre les deux yeux.

— Ramassez les deux corps, allons, plus vite !

Quatre soldats s'emparèrent de Rahim et de Vassili et remontèrent la pente tandis que Bilqis gisait dans une mare de sang au milieu de son linge éparpillé. Personne ne s'intéressa à son sort ni ne remarqua qu'elle respirait à petites saccades. Le soleil avait disparu derrière la colline et elle savait que sa mère commençait à s'inquiéter. Son ventre et ses cuisses la brûlaient mais elle ignorait ce qu'il s'était passé.

Elle s'assoupit un long moment puis se réveilla quand le froid la pénétra. Lentement, elle se tourna sur le côté droit, prit appui sur son coude et tenta de se redresser. Elle regarda autour d'elle. Tout était silencieux, sauf la rivière qui poursuivait son paisible murmure entre les pierres et la berge. Quand Bilqis vit son linge éparpillé et sali, elle voulut se lever mais son bas-ventre la brûlait. Avec des gestes mesurés, elle se remit sur pied, chancela, retomba à genoux, puis se releva. Elle eut un bref vertige, écarta les bras pour ne pas tomber et inspecta les alentours. Elle se figea, pétrifiée. Un soldat la dévisageait sans mot dire, tirant sur une cigarette, sans arme, sans casque, la chemise ouverte.

— *Salâm !*

Bilqis eut envie de pleurer. Alors, elle se remémora Rahim, puis Vassili, enfin les coups de feu. Mais comment se faisait-il que sa mère et les villageois ne soient pas accourus ?

— *Salâm !* répéta-t-il.

Elle fit un bref mouvement de la tête mais ne put prononcer la moindre parole.

Quand le Soviétique eut fini de fumer, il se leva, arrangea le col de sa chemise, se passa la main dans les cheveux et lui sourit. Il connaissait quelques mots de persan :

— *Na tars, na tars*, n'aie pas peur...

L'homme descendit la pente à pas lents, souriant de plus belle. Bilqis s'assit sur une pierre, des larmes coulaient sur ses joues. L'image de l'homme approchant d'elle se brouilla. Tout juste sentit-elle deux mains vigoureuses se poser sur son épaule, la retenant avant qu'elle ne tombe.

— *Na tars, na tars...*

Il posa sa tête délicatement sur le sol et alla vers la rivière. Il y remplit une gourde puis aspergea le visage de la jeune fille. Elle frémit, ouvrit les yeux et esquissa un timide sourire. Son foulard avait glissé, laissant échapper une chevelure dense et noire. Le militaire caressa doucement ce visage inconnu sur lequel larmes et terre s'étaient mélangés.

— *Na tars*, lui répétait-il continuellement.

Puis sa main descendit le long de la gorge de Bilqis, sur sa poitrine. Elle ne bougea pas mais serra ses genoux l'un contre l'autre. Elle avait peur mais tenta de ne rien laisser paraître.

— *Man Serguei!* Serguei! Je suis Serguei!

Bilqis entrouvrit ses fines lèvres mais aucun son n'en sortit. La main continuait à parcourir son corps et finit par atteindre l'ample jupe à fleurs sur laquelle du sang avait séché. Il se débattit avec le tissu, le souleva, dégagea les mollets, puis la totalité des jambes. L'adolescente détourna le visage et se remit à pleurer.

Serguei s'arrêta, regarda le visage enfantin de l'être qu'il allait violer, puis reprit son exploration. Sa main parcourut avec fièvre ce corps abandonné qui semblait ne plus résister et qui le fascinait.

— *Na tars... Dousét dâram...* Je t'aime...

Tout se passa alors très vite : il se déboutonna et se glissa avec précaution sur la victime. L'enfant ne bougea pas et se laissa faire.

Telle une bête affamée, il la pénétra et poussa un soupir de soulagement. Les femmes lui avaient manqué depuis plusieurs mois et les bordels de Herat lui répugnaient. Un cri de triomphe sortit de sa bouche au moment de l'orgasme, il y mit toute sa vigueur, toute sa volonté, plein de frustration depuis qu'il portait l'uniforme.

— Serguei, que fais-tu ?

Trois soldats le regardaient avec curiosité. L'homme se redressa et hurla à l'intention de ses camarades :

— Venez, c'est une bonne affaire ! Elle se laisse faire, c'est une enfant !

Les trois compères dévalèrent la pente et virent Bilqis, le corps dénudé, les cuisses écartées, le visage recouvert par sa chevelure éparpillée. Alors, à tour de rôle, tels des animaux en rut, ils s'emparèrent de ce corps inerte et y satisfirent leurs envies et leurs fantasmes. Puis, ils remirent leurs pantalons et, tout en devisant, regagnèrent leur campement.

— Ce soir, on plie bagage, on rentre au pays.

— Au moins, on gardera un bon souvenir de ce sale bled... Dix ans dans ce merdier, ça suffit !

L'ombre s'était répandue sur la plaine. Quelques lumières éclairaient le bourg avoisinant. Un loup hurla, le froid s'installa pour la soirée, les gens s'enfermèrent chez eux. Depuis quelques semaines, ils avaient appris que les Soviétiques allaient quitter le pays, qu'ils étaient brutaux et barbares. La rumeur courait que des femmes avaient disparu, que des corps avaient été retrouvés.

— *Mâdar djan*, Bilqis n'est toujours pas rentrée.

La mère restait silencieuse. Inlassablement, le garçonnet lui posait la même question :

— La nuit va tomber, tu veux que j'aille voir ?

Homeira Khânoum ne répondit pas. Elle préparait le dîner pour sa nombreuse marmaille. Elle savait que quelque chose s'était passé mais ne laissait rien paraître. Au loin, elle avait vu des soldats qui s'affairaient autour de leur campement à l'écart du bourg et avait interdit à ses enfants de sortir du jardin. Tanks, camions, canons étaient visibles de tous. Depuis dix ans, personne ne côtoyait personne et la panique s'emparait de la population dès que des militaires s'approchaient du village pour prendre de l'eau, voler un mouton ou de la volaille.

— *Mâdar djan*, où est Bilqis ?

De temps à autre, la mère regardait par l'unique fenêtre de la chambre commune, puis retournait à ses occupations. Finalement, lassée d'entendre Fateh questionner sans arrêt, elle lui tapa sur la tête et hurla :

— Ça suffit maintenant ! Va chercher du bois !

— Mais, je l'ai déjà fait !

— Alors, recommence. Tu me fatigues. Je n'ai pas le temps de te répondre.

Homeira était inquiète. Sa fille n'était jamais en retard et elle était partie depuis quatre heures maintenant. Elle ne voulait pas croire au pire et pourtant...

Elle passa un châle sur ses épaules, ordonna à ses enfants de ne pas bouger, et sortit voir sa voisine.

— Ta fille est rentrée ?

— Depuis longtemps déjà, pourquoi ?

— J'attends toujours Bilqis, elle n'est pas revenue.

— Où est-elle partie laver son linge ?

— Du côté de Kénar-Ab où elle va toujours. Et ta fille, où est elle allée ?

— Elle a fait un détour chez le maire puis elle a rejoint d'autres femmes à Sard-Ab.

La voisine appela Djamileh :

— Tu as vu Bilqis cet après-midi ?

— Non, pourquoi ?

— Pour rien, retourne travailler.

Homeira quitta son amie. A quelques pas de

chez elle, elle entendit comme un râle parvenir de la grange. Elle s'y rendit avec précaution, ouvrit la porte et vit une forme allongée sur la paille. Elle se pencha.

— C'est toi, ma fille ?

La chose respirait avec peine, comme essoufflée.

— Bilqis, c'est toi ?

La mère perçut un faible appel.

— *Mâdar djan... Mâdar djan...*

Homeira se pencha plus près.

— C'est toi, ma fille ? C'est toi ?

— Oui, c'est moi.

L'enfant s'évanouit. Homeira la souleva de terre et la transporta chez elle. Une fois à la lumière, elle vit le visage de sa fille maculé de terre et de boue et ses vêtements ensanglantés. Elle poussa un petit cri et ordonna d'une voix ferme :

— Apportez-moi vite de l'eau et quelques linges propres. Faites vite ! *Ya Allah !*

Elle approcha une bougie et murmura à l'oreille de sa fille :

— Bilqis, *batchéyé man*, mon enfant, que t'est-il arrivé ?

La jeune fille entrouvrit les yeux quelques instants puis sa tête bascula à nouveau sur le côté.

— De l'eau, plus vite !

La mère, affolée, humecta avec un tissu les lèvres de sa fille, puis le contour de ses yeux et enfin, méthodiquement, avec une extrême lenteur et infiniment d'amour dans le regard, nettoya le visage et le cou de son aînée. Les cheveux étaient boueux, les mains et les ongles sales. Le sang s'effaça difficilement car il avait commencé à coaguler. Comme une louve soignant et réchauffant son petit blessé, Homeira pansa une plaie au front, nettoya mèche après mèche la toison noire remplie de terre et d'herbe, tenta de la faire boire, lui parla et chanta pour la réconforter.

— Mon enfant, m'entends-tu ?

Cinq petites têtes brunes regardaient, curieuses, les efforts de leur mère. La pièce était silencieuse, seul l'âtre crépitait et donnait un peu de lumière.

— Bilqis, c'est *mâmân*, m'entends-tu ? Si tu m'entends, bouge lentement la tête.

L'adolescente ouvrit une nouvelle fois les yeux, fixa sa mère et remua la tête de haut en bas.

— Grâces soient rendues au ciel, elle m'a entendue ! Repose-toi maintenant. Ne te fatigue pas, je te donnerai un peu de soupe plus tard.

Toute la nuit, Homeira veilla son enfant. Cette dernière eut un sommeil agité, entrecoupé de sanglots et de petites plaintes.

— Dors en paix, je suis là.

Quand l'aube pointa, la mère se leva en silence, activa les braises et mit une bûche dans la cheminée. Elle fit chauffer de l'eau, effectua une toilette succincte, coiffa ses cheveux, lava ses bras et ses jambes en retroussant ses vêtements, puis passa son doigt sur ses dents qu'elle frotta énergiquement.

— *Mâdar djan, Mâdar !*

Le cri glaça le sang de la mère qui se précipita vers la couche de sa fille. Les autres enfants avaient bougé sans se réveiller.

— *Mâdar*, où es-tu, mère ?

— Je suis là, mon enfant, n'aie pas peur... Je veille sur toi.

Bilqis avait les yeux grands ouverts et fixait sa mère avec crainte et respect.

— *Na tars*, ne crains rien, j'ai préparé du thé et du pain.

— *Mâdar*, *Mâdar djan*, pourquoi n'es-tu pas venue ? Pourquoi... ?

La mère ne comprenait pas.

— ... Pas venue où, mon enfant ?

— Pourquoi n'es-tu pas venue à la rivière quand j'avais besoin de toi ?

— Mais tu laves toujours le linge seule ! Tu n'as plus besoin de moi depuis longtemps déjà ! Tu te débrouilles très bien toute seule. C'est même toi qui me l'as demandé, tu ne t'en souviens pas ?

— Les soldats, les soldats sont venus...

— Quels soldats ?

Bilqis hésita et regarda intensément sa mère.

— Quels soldats ?

— Les Shoravis.

Homeira parut surprise.

— Je sais, ils ont un camp par ici. On peut les voir de loin. Il paraît qu'ils vont retourner chez eux.

La fillette tenta de se redresser sur un coude. Sa mère l'y aida.

— Ils sont venus à la rivière... Un, puis deux... et d'autres encore...

— Que voulaient-ils ? Ils t'ont parlé ?

Bilqis baissa les yeux. Elle demeura silencieuse puis reprit :

— Le premier était gentil. Il m'a parlé de son pays. Il est tadjik. Il parlait comme nous...

— Et alors ?

— Il semblait heureux de repartir chez lui. Il n'avait pas revu sa famille depuis longtemps... J'ai oublié son nom... Il voulait m'aider à rapporter le linge...

Une larme coula sur son visage qu'elle effaça du revers de la main.

— Mais pourquoi pleures-tu ?

— Ils l'ont tué, *mâmân*...

— Qui l'a tué ? Un des nôtres ? Quelqu'un que tu connais ?

— Un Shoravi. Un Shoravi a tué un Shoravi.

La mère ne comprenait plus rien. Elle essuya le front en sueur de sa fille, lui passa délicatement la main dans les cheveux et attendit qu'elle se calme.

— Raconte-moi de nouveau. Tu étais au bord de la rivière, un soldat est venu, il était gentil, il t'a souri, il parlait notre langue...

— Je me rappelle maintenant, il s'appelait Rahim. Oui, Rahim.

— Et ensuite ?

— Il m'a aidé à tordre le linge afin qu'il soit plus léger à porter. Nous l'avons installé dans le panier et au lieu de le porter sur la tête, nous l'avons transporté à deux.

— En effet, c'est gentil. Et alors ?

Bilqis se tut quelques instants et but une gorgée du thé que sa mère venait de lui verser. Le breuvage sembla la calmer. Elle reprit son souffle et, redressée sur sa couche, elle regarda par la fenêtre. Deux larmes perlèrent de ses yeux verts.

— Ne pleure pas, mon enfant, raconte-moi la suite.

— Nous avons fait quelques pas, je crois même que le Shoravi, enfin, Rahim, chantait.

— Que chantait-il ?

— Un air de son pays. Une chanson que je ne connais pas. C'était joli...

— Et ensuite ?

— Ensuite, ensuite... Vassili est arrivé.

Bilqis pleura de plus belle, secouée de sanglots qu'elle ne maîtrisait plus. Homeira la prit dans ses bras et la serra fort contre elle. Quand son enfant fut calmée, elle reprit ses questions :

— Un autre Shoravi est arrivé ? Que s'est-il passé ? Lui aussi était gentil ?

— Non, *mâdar djan*, il était très méchant.

— Pourquoi était-il méchant ?

— Il a dit à Rahim quelques mots dans sa langue. Rahim a posé le panier par terre et puis...

— Et puis quoi, que s'est-il passé ?

— Je n'ai pas bien vu, il y a eu un coup de feu... Le Shoravi est tombé sur moi, son sang m'a éclaboussée et il n'a plus bougé...

— Tu es certaine qu'il était mort ?

La jeune fille tremblait, elle ne parlait plus que par monosyllabes, son visage était inondé de larmes et de transpiration.

— Comment savais-tu qu'il était mort ?

— Il avait un gros trou dans le front, *mâdar*, et le sang coulait. J'ai eu du sang sur mes vêtements quand il est tombé, sur les mains, partout...

— Mais pourquoi a-t-il été tué ?

Bilqis n'arrêtait plus de pleurer.

— Je ne sais pas, je ne sais pas...

— Que s'est-il passé ensuite ?

— Rahim s'est approché de moi, il souriait. Il avait son arme à la main, sa chemise était ouverte et sa tête était découverte.

Homeira serra fortement les deux mains de sa fille.

— Il a donné un violent coup de pied dans le corps du Shoravi qui s'est retrouvé à plat ventre. Il lui a craché dessus et a dit des choses que je n'ai pas comprises. Il riait tout le temps, un rire terrible...

L'adolescente se boucha les oreilles avec les mains et secoua la tête. La mère tenta de la calmer.

— C'est donc ça tout ce sang que tu as sur toi ?

Bilqis voyait le geste du doigt en direction de ses vêtements.

— C'est mon sang, c'est mon sang. Il y en a partout. C'est le sang de Rahim, ils l'ont tué lui aussi...

— Tu es blessée, ma fille ? Où es-tu blessée ?

— J'ai été, j'ai été... Je suis souillée...

Homeira devint blême.

— Que veux-tu dire par souillée ? Tu es salie de terre, de boue et de sang, je le vois...

— J'ai été souillée, mère. J'ai été souillée par la force, par plusieurs Shoravis... Plusieurs, je ne sais plus...

La femme se leva d'un bond, fit un pas en arrière et hurla à travers la pièce :

— Tu ne t'es pas défendue ? Ils t'ont violée ?

Bilqis secoua la tête de haut en bas. La mère cria et gesticula, les enfants se blottirent les uns contre les autres.

— Putain, tu n'es qu'une putain ! Une bête ! Une fille de chien ! J'espère que tu brûleras en enfer !

Elle cognait à poings fermés sur le crâne de sa fille. Elle prit une écuelle et lui jeta au visage. Tout le monde hurlait en même temps. La voisine frappa à la porte mais personne ne l'entendit.

— Sors de cette maison ! Sors d'ici ! Que je ne te voie plus ! Prends tes affaires !

— Mais où aller, *mâdar djan*, où aller ?

— Va au diable ! Sors d'ici ! *Ya Allah, zoud bâch*, vite !

Bilqis s'effondra aux pieds de sa mère.

— Va dormir avec les bêtes, ta place est là-bas, avec les bêtes. Tu es une bête, sors d'ici !

Et elle jeta sa fille hors de la maisonnette, hurlant sa douleur et sa honte.

Recroquevillée sur elle-même, blottie contre un agneau qui lui offrait la chaleur de son corps, elle dormit tant bien que mal dans un espace confiné où ne circulait aucun air. Ce furent les cris de ses frères et sœurs qui la réveillèrent.

— Bilqis, Bilqis *djan*. Viens jouer avec moi.

Elle reconnut la voix de Maryam qui, comme tous les matins, cherchait son aînée. Puis la voix sévère de sa mère interrompit les appels. Il y eut des pleurs et le silence.

Bilqis eut soudain froid. Les animaux dormaient, l'agneau s'était redressé pour téter. L'odeur la faisait suffoquer. Elle ouvrit la lucarne qui servait de fenêtre et respira une bonne bouffée d'air glacial du matin. Elle entendit du bruit et retourna s'allonger. Au même instant, la porte s'ouvrit et Homeira dit :

— Sors les bêtes, traie les femelles. Tu ne les quittes pas jusqu'à la nuit, tu manges avec elles, tu dors avec elles, et tu te débrouilles pour te laver. Désormais, tu es une bête. Je te crache dessus. Que le diable t'emporte !

La mère avait laissé un bol de lait par terre et un morceau de pain. Toute la journée, Bilqis resta avec son maigre troupeau. Le soir, après une nouvelle traite, elle eut droit à une soupe et un nouveau morceau de pain.

Elle voyait au loin ses frères et sœurs, elle croisait leurs regards mais ne pouvait leur parler. Deux fois par semaine, elle retournait à la rivière laver le linge de la maison mais elle évitait l'endroit de l'agression. Elle y croisa d'autres soldats mais ils ne prêtèrent aucune attention à cette gamine aux yeux verts et aux cheveux hirsutes.

L'hiver fut rude. Bilqis dut se contenter d'une couverture pour les nuits et de bas pour le jour. Les animaux ne sortant plus, elle fut astreinte à toutes les tâches pénibles : couper du bois, briser la glace, faire le feu, laver le linge en plein air avec de la neige fondue, sans savon. Les coups pleuvaient. Même ses deux frères cadets Rahim et Fateh lui en assenaient sur la tête, la traitant de *fâéché*, putain, lui crachant dessus. Mirwais et Maryam, les deux jumeaux, semblaient terrorisés par cette grande sœur qui ne leur parlait plus, ne leur racontait plus d'histoires et ne chantait plus. La jumelle avait pris cette disgrâce comme un jeu et déposait selon ses possibilités des fruits ou un morceau de pain, soit sur le rebord de sa fenêtre, soit sur une branche d'arbre. Shahlâ, la petite dernière, était encore trop jeune pour comprendre. Elle semblait même effrayée par l'aspect de cette sœur mal habillée et dont les cheveux étaient sales. Elle s'amusait parfois à lui jeter des pierres.

Homeira était devenue autoritaire et nerveuse depuis le viol. Avait-elle bien fait de rejeter sa fille ? Quelle aurait été l'attitude de Gul Mohamad s'il avait été présent ? Et ses voisines qui n'avaient fait aucun commentaire ? Avec cet incident, c'étaient tous les projets de la famille qui s'effondraient. Bilqis avait été promise à Shokat Ali, le troisième fils de sa plus proche amie. Il avait alors seize ans, possédait des notions d'écriture, jouait convenablement du ney et avait échappé à l'embrigadement car il avait un pied-bot. C'était un parti intéressant car le domaine agricole de ses parents était important et la maison familiale comportait quatre pièces. En offrant Bilqis à sa voisine, Homeira aurait certainement reçu deux ou trois bêtes, quelques poules et une demi-douzaine d'arbres fruitiers. Il y aurait eu à la maison une bouche de moins à nourrir... Mais tout s'écroulait. En l'absence de son mari, elle était persuadée d'avoir pris la bonne décision. Ainsi que le disait autrefois sa grand-mère : « Celle qui a perdu sa réputation n'est plus qu'une morte parmi les vivants. » Certes, elle vivait à l'écart, astreinte aux tâches les plus pénibles et les plus ingrates, elle recevait les restes des repas, dormait avec les bêtes, mais dans le cœur de sa mère, non seulement elle n'avait plus de place, mais elle était bel et bien morte. Chaque fois que leurs chemins se croisaient, la mère crachait par terre, en signe de dédain et de mépris. Si elle caressait les animaux et leur parlait même parfois, à sa fille, rien.

— Quand ai-je manqué de respect à Dieu ? Quand l'ai-je offensé ? Quand ai-je blasphémé ? Moi, qui prie plusieurs fois par jour, moi qui élève mes enfants pieusement... *Tché gonâhi man ast ?* Quel a été mon péché ?

— Le Tout-Puissant nous met souvent à l'épreuve. Tu as bien agi. J'aurais fait la même chose. Elle a sali ta maison et ta famille.

— Et si Gul Mohamad l'apprenait ?

— N'aie aucune crainte. Là où il est, des vierges s'occupent de lui. Il nous a oubliés.

La voisine avait sans doute raison.

CHAPITRE 4

La vente

Trois coups furent frappés à la porte de la maisonnette de brique et de chaume. Il était tôt le matin. Rahim ouvrit et dévisagea l'inconnu.

— *Salâm.*

— *Aleik es salâm.* Qui es-tu ?

— Je suis le fils aîné de Homeira Khânoum, ma mère.

— Elle est là ?

La mère apparut sur le seuil.

— Que me voulez-vous ? Qui êtes-vous ?

— Je viens de la part du *wâli* de Chaghchârân. Je m'appelle Shokrollah Massoudi. Je viens au sujet de Gul Mohamad Zahiri. Il est bien votre mari ?

— Il est parti à la guerre il y a quatre ou cinq ans, je ne m'en rappelle plus. Il n'est pas revenu. Je n'ai plus de nouvelles de lui.

— Son Excellence le Gouverneur de Chaghchârân me prie de porter à votre connaissance que le volontaire Gul Mohamad Zahiri est mort en héros au mois de mordad 1364 [1], en défendant la ville de Shebergân avec douze de ses camarades de combat. Voici le document officiel.

Il s'inclina respectueusement en remettant le texte à Homeira. Il s'apprêtait à partir quand la veuve l'interpella :

— Et maintenant ?

— Vous recevrez des instructions plus tard. Je n'ai pas qualité à vous en parler. Plus tard... plus tard...

Il prit congé en recommandant la protection du Prophète sur la maison.

— *Bâbâ* est mort, *mâdar* ?

— Cette fois, oui, mon enfant. Je le savais, je le pressentais depuis longtemps mais je n'avais aucune preuve. Il est mort tout de suite à la guerre, dans les premières semaines. Il n'a rien dû comprendre à ce qu'il se passait, lui qui n'avait jamais touché une arme de sa vie...

Une silhouette sombre apparut dans l'encadrement de la porte. C'était Leila, la mère de Shokat Ali.

— C'est le porteur de mort, ce type. Il a porté la désolation dans trois maisons du bourg. Chez toi aussi ?

---

1. Mordad 1364 = août 1985.

— Il m'a confirmé la mort de Gul Mohamad, il y a quatre ans. Je le savais, je le savais...

Les deux femmes s'assirent sur le banc, devant la maison, et restèrent silencieuses. Au loin, Bilqis regardait la scène. Quelque chose en elle lui disait que c'était grave. Cela la concernait-elle ? Ou son père ? Ou encore sa mère ? Les deux femmes regardaient régulièrement vers l'étable, comme si elles avaient compris qu'elles étaient épiées. L'enfant recula d'un pas et s'assit sur une botte de paille.

— Cette fois, je suis *biveh*, une veuve de plus dans ce village maudit.

— Ne parle pas comme ça, Homeira, nous ne sommes pas maudites ! Je suis certaine que des dizaines de lieux comme le nôtre ont dû souffrir durant toutes ces années de malheur. Certes, mon mari n'est pas mort à la guerre, mais comme toi, j'ai six enfants que j'ai élevés du mieux que j'ai pu. J'ai refusé trois demandes en mariage et je ne le regrette pas. Aujourd'hui, personne ne veut plus de moi car c'est trop tard, mon ventre n'est plus fertile. Toi, tu as encore le temps, tu as toute une vie devant toi.

Homeira n'avait pas trente ans mais elle en paraissait dix de plus. Son fin visage était buriné par le soleil et les épreuves du temps. Ses grands yeux verts étaient cernés de petites ridules qui apparaissaient davantage encore quand elle était assise au coin du feu. Ses mains s'étaient endurcies et avaient perdu de leur féminité. Elle maniait la hache pour couper le bois, portait de lourds brocs d'eau pour alimenter la marmite, cousait, repassait, raccommodait et nettoyait. Elle abattait l'agneau, égorgeait le lapin ou la poule, selon les besoins des repas, semait, récoltait, cueillait, comme seuls les hommes faisaient.

— Au début, ce fut difficile, quand mon mari a été emmené. Puis, je m'y suis faite. Par la suite, Bilq... enfin, l'aînée de mes enfants m'a aidée. Aujourd'hui, je me passe d'elle, même si mes efforts sont plus intenses et ma santé plus fragile...

Leila tenta une question :

— Tu es certaine d'avoir bien agi avec ta fille ? N'as-tu pas de doute ? As-tu fais le bon choix ?

Homeira haussa le ton un bref instant :

— J'ai fait le bon choix, même si ce n'est pas le meilleur. Elle a été salie et n'a rien fait pour se sauver. Nous avons tous été salis, même la mémoire de mon mari.

La voisine n'insista pas. Elle ressentit une profonde tristesse pour son amie, privée d'époux et de soutien à la maison.

— Quand tu auras besoin d'aide, je t'enverrai mes garçons.

— Que Dieu te protège.

Rahim avait désormais onze ans et secondait officiellement sa mère. C'était lui le nouveau chef de famille. Il le savait et s'en vantait. Dès qu'il en avait l'occasion, il frappait sa sœur aînée, l'injuriait et l'humiliait. Il refusait de lui porter ses repas, de l'aider dans les travaux des champs, de chercher de l'eau au puits.

— *Fâéché !* Putain !

Bilqis ne répondait pas, ce qui avait le don d'énerver son cadet.

— Fille de chien, *harâmi* ! Brûle en enfer !

L'adolescente arrachait quelques pommes de terre quand elle reçut une pierre sur la tête. Elle chuta et ne remua plus. Son foulard blanc se teinta de rouge, elle perdit connaissance. Combien de temps resta-t-elle allongée ? Plus d'une heure ? Ce fut Maryam qui alerta sa mère :

— *Mâdar !* Bilqis ne bouge plus ! Ça fait longtemps qu'elle est tombée...

Homeira s'approcha de sa fille.

— Lève-toi immédiatement, paresseuse ! Vaurien !

Elle avança un pied et toucha le dessus de la pantoufle de Bilqis. Elle ne bougeait toujours pas. Elle fit le tour du corps et vit enfin le foulard ensanglanté. Elle appela Rahim et Fateh :

— Apportez une couverture ! *Ya Allah !*

Pour la première fois depuis une année, durant un court instant, son instinct de mère prit le dessus. Mais vite, elle se ressaisit :

— Mettez-la sur la couverture. Prenez chacun un coin, moi je prends les deux autres. Avancez, posez-la.

Rahim relâcha son pan de tissu et le corps bascula brutalement sur le sol. Le gamin se mit à rire. Homeira lui assena un coup sur la tête qui le fit pleurer.

— Je sais que c'est toi qui as jeté la pierre ! On t'a vu.

— Elle a ce qu'elle mérite, cette traînée ! Si *bâbâ* était là, il l'aurait étranglée de ses propres mains ! Attends que je grandisse...

La plaie fut lavée, les cheveux de Bilqis coupés, afin de mieux soigner la blessure. Leila apporta un pansement et lui murmura à l'oreille :

— Tiens le coup, je crois que j'ai trouvé une solution pour toi. Garde ce bandage une semaine. Je reviendrai te voir...

Que voulait-elle dire par « une solution pour toi » ? Voulait-elle la réconcilier avec sa mère ? Voulait-elle l'héberger chez elle ? Quitterait-elle la maison ou le village pour vivre ailleurs ?

Elle fut dispensée de travaux durant deux jours, puis reprit ses servitudes dans l'étable et les champs. Un nouvel hiver était passé, un autre *now rouz* aussi.

Ce matin-là, elle fut réveillée par des coups à la porte. Une brebis sursauta. Bilqis se leva, alla ouvrir et lâcha un petit cri : devant elle, se tenait un petit homme grotesque. Il éclata de rire en la voyant et se mit à danser et à s'agiter autour d'elle. Bilqis voulut fermer la porte mais il s'interposa.

— Joyeux *now rouz* ! Bonne année ! J'apporte du bonheur. Beaucoup de bonheur ! Comment t'appelles-tu ?

Une voix plus grave l'interrompit. C'était celle d'un homme grand et vêtu de noir. Celui-ci lui sourit et lui tendit une friandise.

— Je m'appelle Najmuddin. Bonne année, mon enfant. Comment t'appelles-tu ?

— Bilqis.

— Alors, bonne année, Bilqis.

Une voix de femme interrompit ce dialogue insolite :

— Par ici Najmuddin ! Venez ici, vous vous êtes trompé de maison... Venez ici !

Homeira reprit vite la situation en main.

— Bonjour, Najmuddin. Ma maison et celle de mes enfants est ici. Là-bas vivent les animaux.

— Mais, je...

— Je vous dis que dans l'étable ne vivent que les animaux.

Ce fut la fête pendant un quart d'heure chez Homeira. Ses enfants avaient été sages durant toute l'année, ils reçurent quelques friandises, des images, et écoutèrent un conte préparé à leur intention. La veuve n'avait pas d'argent pour récompenser, selon la tradition, les deux intrus. Elle savait que c'était un cadeau de sa voisine. Mais pourquoi ces deux lascars étaient-ils donc allés dans la grange au lieu de frapper à la porte de la maison, plus belle et plus grande ?

— Pardonne-moi, je ne pensais pas mal faire. Si je t'en avais parlé, tu aurais refusé.

— Que veux-tu me dire ? Je ne comprends pas.

— Tu vis un cauchemar depuis des mois. Tu ne sais pas quoi faire avec Bilqis. Je sais que tu souffres car, avant tout, tu es une mère... J'en ai parlé avec d'autres mères du village, surtout avec Shokria et Hosniah.

Elle se tut un instant, but une gorgée de thé chaud et reprit :

— Nous avons pensé que la meilleure solution serait que Bilqis quitte le village quelque temps. C'est la meilleure solution pour ta famille, pour tes voisins, pour nous tous. Depuis des mois, elle ne sort plus, et d'ailleurs, où irait-elle ? Ma fille Khadidjeh ne veut plus la voir, elle souffre et pleure tout le temps...

Leila regardait son amie tout en parlant. Homeira gardait la tête basse, tentant de comprendre ce qui s'était tramé derrière son dos.

— Nadjmuddin a des connaissances à Alandâr et Chaghchârân. Nous avons pensé que ton enfant pourrait aller travailler comme domestique, en ville. Ces gens-là ne sauraient rien de l'état de Bilqis, nous dirions simplement qu'elle a quitté son village pour apprendre de nouvelles choses, assister à des classes du soir, gagner quelques afghanis...

— Et qui s'occupera de mes bêtes, de la traite, du pré, qui ira chercher l'eau à la rivière ?

La voisine s'étonna :

— Bilqis ne te sert donc qu'aux tâches pénibles, qu'à vivre avec les animaux, qu'à user son petit corps avant l'âge ?

— Mais son corps est déjà abîmé ! Il a été souillé, tu ne l'as pas oublié tout de même !

— Bien sûr que non, mais toi, tu as oublié une chose : ta fille s'est trouvée au mauvais endroit au mauvais moment. Ce qu'elle a enduré est horrible et impardonnable. Des milliers d'Afghanes ont subi ce sort et ont déshonoré leurs familles. Nos traditions sont ce qu'elles sont mais que se serait-il passé si ces

Shoravis sans dieu ni loi nous avaient violentées toutes, toi et moi ? Comment auraient vécu nos enfants, sans père, mais aussi sans mère ? Car nous aussi, nous aurions dû aller vivre avec les bêtes, rôder comme des ombres, hurler en silence notre peine et notre chagrin...

Homeira écoutait sans rien dire. Elle savait que son amie avait raison mais la seule chose qui comptait pour elle était de savoir comment pallier l'absence éventuelle de sa fille, comment et par qui la remplacer.

— Mais tout simplement par Rahim, ton fils aîné ! C'est un splendide gaillard, fort comme un champion. A onze ans, il est plus fort que ta fille et porter quelques charges, surveiller les bêtes et t'assister dans les travaux des champs lui fera le plus grand bien. Ne lui as-tu pas dit un jour qu'il était désormais le chef de famille ? Que faisait Gul Mohamad quand il était parmi nous ? Tous ces travaux dont je te parle rendent fier un homme. Malgré son handicap, mon fils travaille depuis longtemps déjà et il me demande toujours : *suis-je aussi fort que bâbâ ?* Comment fait-il ?

A la fin de la troisième tasse de thé, l'affaire était conclue. Bilqis irait vivre dans une famille honorable dans la vallée, Najmuddin s'en chargerait. Tout le monde serait gratifié dans cette transaction : la mère, la voisine et l'intermédiaire. Et, selon la coutume, Homeira recevrait chaque mois les gages de sa fille.

— Qui sont ces gens ?

— Je ne le sais pas encore. Trois familles sont intéressées par la venue de ta fille. Tout ce que je sais, c'est que le chef d'une de ces familles est un commerçant en grains ; un autre posséderait un *tchâi khâneh* où les gens s'arrêtent pour boire, manger et discuter, et le troisième, je n'en sais rien.

Maintenant, la mère avait envie d'accélérer les choses :

— Elle partira quand ?

— Qui ? Ta fille ? Je ne sais pas. Dans deux ou trois semaines, peut-être...

— Si tard que ça ? Pas plus vite ?

L'affaire prit un mois. Homeira était devenue nerveuse. Elle criait à tout bout de champ, levait la main dès qu'elle était contrariée, épiait les moindres allées et venues dans le bourg. Même sa voisine se plaignit de ses colères :

— Mais calme-toi ! Tout va bien, sois patiente.

— Cette fille nous porte malheur. Je dois m'en débarrasser au plus vite. La vie chez nous est devenue infernale... Je ne supporte plus de la savoir avec les animaux, elle va finir par les contaminer...

Quand l'homme revint, les tractations se firent dans la maison de Leila. Des billets passèrent de main en main. On compta et recompta. Homeira insista pour en recevoir davantage. Tout finit par s'arranger mais personne ne semblait satisfait. Bilqis prit son maigre balluchon et, sans un regard pour sa mère et ses frères et sœurs, quitta une maison qui lui était devenue hostile un jour de printemps 1989 quand elle lavait son linge le long de la rivière.

Le voyage dura deux heures. D'abord, une marche d'une demi-heure jusqu'à l'arrêt d'un autobus qui passait à des heures irrégulières, puis, le trajet avec d'autres voyageurs qui trimbalaient, les uns, des cartons, d'autres, des poules ou des dindons, d'autres enfin, des appareils électroménagers. La gamine découvrit un nouveau monde. Elle n'avait jamais pris les transports en commun, n'avait jamais côtoyé des inconnus, ne s'était jamais assise à côté d'un homme, sauf son père, autrefois, sur le banc devant la maison. Elle n'avait jamais vu de dindon de sa vie et fut effrayée par cet oiseau qui lui paraissait gigantesque, comparé à ses maigres poules.

Le véhicule s'arrêta plusieurs fois ; des gens en descendirent, d'autres y montèrent. Une petite fille s'assit à côté d'elle et lui sourit. Bilqis baissa la tête. Pour la première fois depuis de très longs mois, une personne lui adressait un sourire et elle n'eut pas la force de le lui rendre.

— Comment t'appelles-tu ?

L'enfant, d'une dizaine d'années environ, la regardait avec de grands yeux noirs. Elle était proprement habillée d'une robe à fleurs et d'un pantalon noir. Ses espadrilles étaient blanches et elle avait de petites boucles dorées aux oreilles.

— Comment t'appelles-tu ?

— Je m'appelle Bilqis.

La gamine ouvrit de grands yeux ronds :

— Bilqis ? Moi aussi, je m'appelle Bilqis, comme ma mère et ma meilleure amie.

Puis, effrontée :

— Tu veux devenir mon amie ?

L'aînée marqua sa surprise puis inclina deux fois la tête.

— Qu'est-ce qu'il fait ton papa ?

— Il... Il est mort...

— Il était vieux ?

— Non, il n'était pas vieux.

— Alors, pourquoi il est mort ?

— Il est parti à la guerre il y a longtemps et il n'en est pas revenu.

La petite prit la main de son aînée et ne dit plus rien. Le voyage se poursuivit en silence.

Plus on approchait de la ville, plus le trafic devenait dense : il y avait des voitures partout, des charrettes, des étals de fruits et de légumes, des gens qui criaient, des enfants qui couraient.

La fillette serra plus fort la main de l'orpheline.

— Je dois sortir d'ici. Tu vois la maison, là-bas, entre les deux arbres ? C'est là que j'habite. Tu viendras me voir ? Dis, tu viendras me voir ?

L'autre acquiesça. L'autobus repartit au milieu des encombrements. Najmuddin, que tout le monde appelait Hâdji Aghâ, assis un rang devant se retourna :

— Prends tes affaires, on est arrivés. *Ya Allah ! Zoud bâsh*, fais vite !

Bilqis était perdue au milieu de cette foule multicolore et bruyante. Elle suivit l'homme sans mot dire. Ils marchèrent un quart d'heure parmi les ânes, les véhicules qui klaxonnaient et les marchands qui criaient et gesticulaient.

— Voilà, on est arrivés. Attends-moi ici, je reviens tout de suite. Ne te sauve pas.

Bilqis regardait avec effroi toute cette agitation autour d'elle. Des centaines de femmes en tchadri longeaient les murs, les hommes marchaient au milieu, couraient ou riaient. Elle vit aussi sa première bicyclette sur laquelle étaient juchées trois personnes. On était bien loin du silence de Garm-Ab, des champs, des prés et des arbres qui sentaient bon à l'automne. D'ailleurs, il n'y avait aucun arbre, ici, ni d'herbe et encore moins de fleurs.

Elle était absorbée par ses pensées quand une voix grave lui dit :

— C'est toi, Bilqis ?

Elle se leva sans rien dire.

— C'est toi, Bilqis ?

Elle baissa la tête.

— Pourquoi ne réponds-tu pas quand je te parle ? Prends tes affaires et suis-moi. Plus vite !

Bilqis suivit l'homme jusque dans une maison, traversa un jardin où elle vit deux femmes qui lavaient leur linge dans un bassin lever la tête à son passage et la suivre du regard en silence.

— Tu dormiras ici, avec ces deux autres filles. Voilà ton matelas. Pose tes affaires ici et viens travailler.

Avant qu'elle ait eu le temps de comprendre ce qui lui arrivait, elle tenait déjà un balai dans les mains.

— Prends ça et verse de l'eau sur le sol. Tu nettoieras cette pièce et quand tu auras terminé, tu laveras cette pièce là-bas, et cette autre, sur la gauche. Tu as compris ?

Pour remplir l'arrosoir, il y avait un robinet dans la cour. Elle n'en avait encore jamais vu. Elle se planta devant le goulot qui perdait une goutte toutes les secondes, et attendit. Les deux femmes qui lavaient leur linge s'arrêtèrent et la regardèrent.

— Alors, qu'est-ce que tu attends ?

— Tourne le robinet !

Bilqis avança la main, effrayée et toucha l'appareil. Elle la retira rapidement. Les deux femmes se mirent à rire.

— Prends-le dans ta main et tourne-le lentement. Pas trop fort, l'eau va venir.

Un jet brutal sortit du trou et éclaboussa la robe et les pieds de la jeune fille. Elle lâcha tout et tomba à la renverse. En quelques instants, une grande flaque inonda les dalles du jardin. L'une des femmes se leva et referma le robinet. Bilqis s'était redressée, trempée du ventre aux orteils. Son foulard était tombé sur ses épaules et l'arrosoir gisait au sol.

— Vite, on va essuyer... Si le *sâheb* voit ça, il va te frapper. Il est très sévère et sa femme encore plus.

— Je ne l'ai pas fait exprès ! Je ne connais pas ce genre de puits. Ce n'est pas comme ça chez nous.

A trois, elles épongèrent l'eau. Le patron était sorti fumer son narghileh à l'estaminet du coin. Son épouse était chez sa sœur et la maison était vide.

— Donne-moi ta main. Regarde, voilà. Tu prends ici, tu tournes lentement et l'eau sort.

Tu mets l'arrosoir en dessous et quand il est plein, tu fermes le robinet. Le *sâheb* n'aime pas que l'eau coule à côté. Il dit que ça coûte de l'argent.

Les deux femmes reprirent leur travail au bord du bassin. Le soleil déclina et, une heure plus tard, elle avait nettoyé les trois pièces. Elle posa le balai et l'arrosoir près du robinet et s'avança près des deux servantes qui frottaient des draps de coton.

— J'ai terminé. Est-ce que je peux vous aider ?

— Prends ces serviettes et lave-les. Tu sais laver, au moins ?

— Chez nous, je lavais tout le linge de la maison et des enfants.

— Et ton père ?

— Il est parti à la guerre et il n'est jamais revenu.

Les deux femmes se regardèrent.

— Est-ce que tu es *bad ghadam* ?

Bilqis ouvrit de grands yeux.

— C'est quoi, *bad*... ?

— *Bad ghadam ?* Cela veut dire que tu portes malchance, qu'il ne faut pas t'approcher.

— Non, je ne pense pas... Je ne fais de mal à personne, je fais bien mon travail...

En elle-même, elle se dit pourtant qu'avec tous les malheurs qu'elle avait accumulés depuis des mois, elle devait certainement être différente des autres ! Sinon, pourquoi sa mère l'aurait-elle rejetée ? Elle reprit son labeur.

Bilqis était épuisée à la fin de sa première journée de travail en ville. Le *sâheb* avait dîné tard avec des voisins. Avec les deux servantes, elle avait préparé les plats, servi le repas et attendu les ordres.

— Bilqis ! *Bodo*, viens vite. Apporte de l'eau, Bilqis, apporte le *sharbat*, apporte d'autres légumes... Pas de melon, ce soir, des pastèques !

Puis, il fallut débarrasser, faire la vaisselle, nettoyer la pièce des centaines de grains de riz, de miettes et de bouts de viande qui jonchaient le sol, préparer le thé et allumer une nouvelle pipe à eau. Les deux servantes s'étaient retirées. L'adolescente restait seule.

Le plus jeune voisin l'interpella :

— Quel âge as-tu ?

— Treize ou quatorze ans, je ne sais pas.

— D'où viens-tu ? Je ne t'avais encore jamais vue.

— De Garm-Ab.

— C'est où, ça ?

— Un peu plus loin, dans les montagnes.

— Tu te plais, ici ?

— Je ne sais pas, je viens d'arriver.

Le patron l'interrompit :

— Tu sais que je t'ai achetée à ta mère. Tu

es à moi, à moi seul. Tu dois faire tout ce que je te dis, quand je le veux.

Bilqis baissa la tête. Le regard du patron lui faisait peur.

— Tu as compris ce que je t'ai dit ?

— Oui.

— Oui qui ?

— Oui, *sâheb*.

Les hommes parlèrent entre eux longtemps encore. L'enfant était assise, les jambes en tailleur, dans un angle de la pièce. Ses yeux se fermaient, vaincus par la fatigue. La fumée l'endormait, elle n'entendait plus que le ronronnement de la conversation.

— *Batché ! Béké*, debout !

Le patron grondait :

— Tu ne dors pas quand tu es à mon service. Va encore faire du thé !

La lune était au firmament quand elle s'effondra sur son matelas. Les deux servantes reposaient sous des draps blancs qui brillaient dans la pâleur de la nuit. Bilqis se recroquevilla sur elle-même et s'endormit rapidement. Elle revoyait ses montagnes, sa petite sœur Maryam, la rivière... Elle rêva de verdure, d'oiseaux, de ses brebis et de Najmuddin.

En quelques heures, elle avait changé de monde. Elle ne savait plus très bien où elle était.

— *Béké!* paresseuse!

Elle sentit une douleur dans son dos. On la frappait. Elle se leva d'un bond, ajusta son foulard et regarda la femme en face d'elle.

— Je suis la *sâheb khâneh.*

— Bonjour, maîtresse.

— Tu t'es couchée tard, hier soir. Je t'ai laissée dormir une heure de plus, ce matin. Demain, tu te lèveras avec les autres.

— Oui, *sâheb khânoum.*

— Va te laver la figure au robinet et va boire ton *tchâi. Zoud kone*, fais vite. Dès que tu auras fini, tu cours me voir dans le magasin.

Ce dernier consistait en un vaste entrepôt où le patron rangeait tout ce qui lui tombait sous la main : on y trouvait pêle-mêle trois bicyclettes rouillées, deux moteurs de voiture à même le sol, des balais, des sacs de riz et de grains, des bouteilles d'huile, du thé, de la menthe, des cageots de fruits et de légumes qui côtoyaient des cahiers, des crayons et des bonbons. Il y avait aussi des guirlandes, des ampoules peintes, des transistors poussiéreux, des ventilateurs, des bocaux censés contenir des médicaments et des engrais pour le jardin, des images pieuses et des photos de champions de lutte et de *bozkâshi*, des cartes postales en noir et blanc d'un autre âge représentant les bouddhas de Bamian, les lacs de Bandé Amir ou la citadelle d'Herat. Il y avait également un rayon de quincaillerie avec des ciseaux, des aiguilles, du fil et de la laine, des marteaux, des tournevis et des clous, des écuelles, des verres à boire, des pots de peinture ou encore des paillassons colorés.

Dans un local attenant, la patronne servait du thé à des amies, tenait la comptabilité et surveillait de loin les trois domestiques. Quand Bilqis l'eut rejointe, elle fut chargée de nettoyer l'entrepôt « mais ne touche pas aux objets. Tu nettoies le sol, seulement, puis tu viens me voir ».

Une heure plus tard, l'enfant fut appelée :

— Apporte de l'eau pour le samovar. N'oublie pas de bien refermer le robinet.

Toute la journée, la jeune fille, courbée en deux, brossa, lava, balaya, essuya chambres et dépendances, s'interrompant seulement pour un rapide repas vers midi et un thé vers seize heures. Le soir venu, elle se jeta sur son matelas sans avoir dîné. Le dos et les reins lui faisaient mal, ses doigts avaient enflé, ses pieds la tenaient à peine.

Les jours se suivirent, harassants, épuisants, interminables. Même les deux domestiques l'obligeaient à les aider pour laver et essorer le linge, porter des paniers ou changer l'eau du bassin. Quand ça n'allait pas assez vite, elle prenait un coup sur la tête ou était privée de repas. Quand le travail n'était pas assez bien fait, elle devait le recommencer, même tard dans la nuit, afin que les patrons soient satisfaits.

Un jeune livreur de sodas s'était pris d'amitié pour elle. Chaque jour, il apportait des caisses de boissons gazeuses ou de jus de fruits et tandis qu'il les entreposait, il échangeait quelques mots brefs avec Bilqis.

— Attends, je vais t'aider, c'est trop lourd pour toi.

— Non, non, le patron va me frapper.

— *Na tars*, n'aie pas peur. Voilà, c'est fait.

Un sourire par-ci, une phrase réconfortante par-là, l'univers de Bilqis changeait lentement. Hamid était devenu indispensable au déroulement de sa journée. Quand il ne venait pas, elle était triste. Quand elle entendait sa voix, son cœur battait plus fort. Ce garçon était gai, toujours pieds nus, vêtu d'un pantalon et d'une chemise. Comme elle, il avait les yeux verts et comme elle, il avait quitté son village. Comme elle, il avait perdu son père.

CHAPITRE 5

Hamid

La gifle, d'une violence inouïe, l'envoya s'écraser au milieu des bouteilles vides, des sacs de riz et de millet. Il y eut un cri, des bruits de verre brisé, un râle.

— Debout, espèce de souillon !

La voix du patron était coléreuse, hystérique, presque. En quelques instants, une dizaine de personnes avaient envahi l'entrepôt, gesticulant, parlementant, regardant. Mais personne n'osa intervenir. Pas même les deux domestiques qui avaient arrêté leur lessive.

— *Béké, ya Allah*, plus vite ou je t'en donne une autre !

Tant bien que mal, Bilqis essaya de se redresser. Elle se mit à genoux, tenta de se relever mais tomba à nouveau. Son foulard avait glissé, laissant apparaître une chevelure courte, mal taillée et sale. Un nouveau coup la projeta parmi les objets de quincaillerie qui dégringolèrent des étagères et se répandirent sur le sol. Un filet de sang barrait le visage de la jeune fille qui resta inconsciente parmi les marchandises.

— Debout ! hurla le gros homme.

L'assistance était muette de saisissement.

— Tu n'es qu'une vaurien, je n'aurais jamais dû te prendre à mon service. Vous deux, dit-il en désignant les deux domestiques, relevez-la, lavez-la, et qu'elle se remette au travail. Je veux qu'elle nettoie à nouveau ma chambre qui est plus poussiéreuse que ce matin. Je veux qu'elle me rende l'argent qu'elle m'a volé, je veux qu'elle rende le collier en or de ma femme, je veux... et il disparut dans son jardin.

Bilqis fut relevée, emmenée au bord du bassin, et lavée du sang qui avait souillé son visage. Son voile également avait été sali, ainsi que ses mains et ses espadrilles. Elle n'avait aucun vêtement de rechange. Il lui en fut prêté pour le restant de la journée, le temps que ses effets sèchent. Une pommade fut appliquée par la patronne sur son cuir chevelu et un bandage noué autour de sa tête.

— J'ai retrouvé mon collier, dit la femme à la fillette. Mais mon mari dit que tu lui as volé de l'argent. Va le lui rendre et tout rentrera dans l'ordre. Après, tu viendras nettoyer sa chambre et la mienne également. *Bo do*, file !

— *Sâheb khânoum*, je n'ai rien touché! Je n'ai rien pris au patron... Je n'ai jamais rien volé à personne, jamais!

— Va le lui dire, peut-être l'a-t-il retrouvé! Va le lui dire.

Bilqis avait peur d'affronter le patron dont les sautes d'humeur étaient connues dans le quartier. Même Hamid avait dû en souffrir un jour qu'une caisse était tombée, brisant verres et bouteilles. Elle tenta de l'éviter pour le restant de la journée, se contentant d'asperger le sol, de balayer, d'épousseter, de taper les paillasses et les tapis.

Puis, ce qu'elle redoutait le plus se produisit. L'homme la convoqua dans son arrière-boutique; il n'était pas seul. Il était entouré de ses habituels partenaires au jeu de trictrac.

— Ah, te voilà enfin, souillon! Tu en as mis du temps pour venir. Quand je te donne un ordre, c'est tout de suite!

Bilqis demeurait debout, tête baissée.

— Tu entends ce que je te dis?

Elle susurra un faible oui.

— Plus fort, je n'ai pas entendu.

— Oui.

— Oui qui?

— Oui *sâheb*.

— Ma femme a retrouvé son collier mais moi je n'ai pas retrouvé mon argent. Va le chercher et ramène-le-moi.

L'adolescente restait figée devant le groupe d'hommes assis à même le sol, en tailleur, tenant les dés dans une main, leur tasse de thé dans l'autre. Le plus jeune des joueurs regardait Bilqis avec plus d'intérêt.

— Tu n'as pas entendu ton maître ? Tu n'as pas entendu ce qu'il vient de te dire ?

Terrorisée, l'enfant ne bougeait pas.

— Tu es sourde, ou quoi ?

Il fit semblant de se redresser.

— Laisse, je m'en charge.

Le boutiquier se leva péniblement. Gros et court sur pattes, toujours mal rasé et la chemise largement ouverte sur une poitrine velue, il enfila ses espadrilles et s'approcha de Bilqis qui se tenait immobile, tête baissée.

— Tu ne m'as pas entendu ? Je t'ai dit d'aller chercher l'argent que tu m'as volé. Tu as compris ?

Deux grosses larmes coulèrent sur les joues de la domestique.

— Il ne sert à rien de pleurer. Il fallait réfléchir avant. Est-ce que tu comprends ce que je te dis ?

Le bras droit du patron se détendit, la main percuta la joue de la fillette qui s'étala de tout son long au milieu des joueurs et de leur table de jeu. Les hommes grommelèrent, invectivèrent et frappèrent à tour de rôle l'intruse qui avait empêché le jeu de se poursuivre. Le plus jeune des participants se mit à genoux, redressa Bilqis et la regarda droit dans les yeux. Le sang s'était mis à couler à nouveau sur son visage.

— Tu saignes comme une truie, tu sens mauvais. Fous le camp, *gom sho* !

Le *sâheb* appela les deux domestiques toujours installées avec leur lessive au bord du bassin et leur ordonna d'emmener « cette fille de chienne qui ne sert à rien ».

— Qu'elle foute le camp, je ne veux plus la voir. Le diable est entré avec elle dans ma maison !

A la suite de cet incident, Bilqis ne se tint plus qu'au seul service de la patronne. Elle se cachait chaque fois qu'elle entendait la voix de son employeur et, d'une manière générale, évitait de se montrer. L'homme savait que la domestique était toujours dans la maison et il ne tenait pas à la perdre ! Il l'avait payée et ne s'en séparerait que s'il pouvait la revendre un bon prix. Il n'était pas question de s'en priver, tant qu'elle pouvait lui rapporter.

— Je n'ai jamais perdu mon argent. Je voulais simplement l'effrayer et la tenir à ma disposition jour et nuit. Cette vermine, on la tient par la peur, sinon elle vous vole et vous chasse de chez vous. Comme ça, cela m'évitera à l'avenir de payer une pension à sa mère. Je lui dirai même qu'elle me rembourse ce qu'elle me doit.

La femme ne dit rien. Elle connaissait son mari et savait de quoi il était capable.

— Ne dis rien à cette chienne. D'ailleurs, tu n'aurais jamais dû lui dire que tu avais retrouvé ton collier. Tu as l'air de quoi, maintenant ? Plus personne ne te croira.

Un jour, Hamid ne vint plus. Qu'était-il devenu ? A qui le demander ? Un autre garçon l'avait remplacé. Les blessures s'étaient refermées mais les cicatrices demeuraient. Bilqis avait du mal à se peigner les cheveux qui repoussaient beaux et longs comme autrefois. Elle avait des croûtes sur la tête et, souvent, le sang réapparaissait. Des coups, il y en eut encore et elle avait pris l'habitude de ne pas se protéger le visage, comme par défi, ce qui avait le don d'agacer le gros homme qui n'aimait pas qu'on lui tienne tête. Une fois, sa femme tenta de s'interposer :

— Arrête, elle n'a rien fait. C'est moi qui ai cassé cette tasse.

— Ne t'occupe pas de mes affaires. Je sais que c'est elle, elle casse toujours tout.

— Puisque je te dis que c'est moi.

— Femme, tais-toi, c'est moi le chef ici. Tu n'as pas droit à la parole.

Ce soir-là, en apportant du thé à la *sâheb khânoum*, l'enfant lui dit à très basse voix :

— Je vous remercie patronne, je vous remercie.

— Tu me remercies pour quoi ?

— Pour la tasse...

— J'aurais mieux fait de me taire. Tu nous apportes tourments et soucis. Il faudra que je te trouve une autre maison.

Puis, Hamid réapparut. Bilqis eut un choc. Elle balayait l'entrepôt quand une voix la fit sursauter :

— *Salâm !*

Elle avait reconnu cette voix qui lui manquait tant depuis un mois. Elle se releva, parcourue par un frisson.

— *Salâm*, répondit-elle, tête baissée, ne laissant rien paraître de son visage meurtri par les coups reçus le matin même.

— Je suis allé au village, ma mère est morte. J'ai ramené mes petits frères et sœurs en ville, ils sont chez une tante. Je suis l'aîné maintenant. Je dois m'occuper d'eux.

Bilqis ne répondit rien. Elle était heureuse d'avoir retrouvé celui qu'elle considérait comme son ami. Elle n'avait pas l'intention de lui dire qu'elle était régulièrement battue et humiliée, ne voulant pas lui faire de la peine. Elle cacha ses joues bleuies et sa lèvre fendue.

— Je dois partir maintenant. Je reviendrai bientôt. *Khodâ hâfez.*

Et il disparut aussi vite qu'il était apparu. L'adolescente sentit monter en elle une bouffée d'énergie. Elle reprit son seau, son balai et alla chercher de l'eau au robinet. Elle avait l'impression de ne plus être seule. Voir Hamid, entendre et regarder le jeune homme lui donnait une force dont elle ne se savait plus capable. Peu importait dorénavant les coups et les insultes, du moment qu'elle le savait non loin, peut-être capable de la protéger si elle le lui demandait.

Bilqis avait fait la connaissance de tous les petits frères et sœurs du livreur de boissons. En effet, ce dernier avait pris l'habitude de se faire accompagner tantôt par un frère, tantôt par une sœur, et cela amusait la jeune fille. Elle se montrait plus spontanée avec les enfants, moins timide qu'avec leur grand frère. Elle souriait, parlait, arrangeait leurs vêtements. Parfois, elle leur donnait une pistache ou un bonbon qu'elle avait dérobé.

Les journées se déroulaient sans charme, de

l'aube à tard dans la nuit, selon les humeurs du patron ou de ses amis. Les coups continuaient à être distribués mais moins fréquemment. Le travail était mieux fait, le sol plus propre, l'entrepôt mieux tenu, le thé bien servi. La petite paysanne de Garm-Ab devenait une jolie fille de grande taille, aux formes apparaissant sous ses pauvres vêtements. Ses cheveux, qu'elle lavait une fois par semaine dans le bassin de la cour quand ses patrons étaient absents, étaient devenus longs et abondants. Une nouvelle jupe lui avait été attribuée et la patronne lui avait offert des espadrilles pour le *now rouz* 1371 [1]. C'était le troisième nouvel an qu'elle passait en dehors de son village. Elle n'avait eu aucune nouvelle des siens, ni par Najmuddin qui allait et venait dans les campagnes et les montagnes des alentours, distribuant gâteries et sucreries aux enfants sages. Elle n'oubliait pas non plus sa mère, celle qui brusquement, s'était transformée en furie violente et déchaînée quand elle avait appris ce qui s'était passé au bord de la rivière. Et Maryam ? Et Shahlâ ? Qu'étaient-elles devenues ? Elles avaient grandi, certes, et étaient devenues de belles fillettes. Rahim devait avoir douze ou treize ans et Fateh plus de dix. Ils aidaient leur mère aux travaux de tous les jours. Quant à Mirwais, le diablotin qui courait dans

1. 1371 = 1992.

tous les sens et faisait peur aux poules... elle se mit à sourire. Tout cela lui semblait bien loin et, pourtant, elle pensait souvent à ses montagnes, à son village, à sa mère, à Leila, la voisine...

— Y a quelqu'un ?

Bilqis posa son balai et écouta :

— *Kessi hast?*

Devait-elle répondre? Elle ne savait pas où était le *sâheb*. Elle avança à petits pas timides vers la boutique. Un grand homme à fortes moustaches touchait à tout, picorait au gré de sa fantaisie raisins secs, amandes, raisin. Soudain, il vit la jeune fille.

— Enfin, te voilà, tu en as mis du temps!

L'homme s'approcha d'elle et la toisa.

— Comment t'appelles-tu ?

— Bilqis.

— C'est un joli nom. C'est celui de ma sœur. Alors, Bilqis, tu es la fille de qui ?

— Non, je suis sa servante.

— Et la servante a quel âge ?

Elle ne comprenait pas la question.

— Tu as quel âge ?

— Peut-être treize ans, peut-être quatorze ans.

— Peut-être plus ?

La domestique gardait la tête basse. L'homme lui releva le menton avec son index.

— Ouvre les yeux quand je te parle !

Le moment de surprise passé, il fit un bond en arrière.

— Quels yeux ! On dirait des *zomorods*, deux grosses *zomorods*.

Elle ne comprenait rien et restait immobile devant cet inconnu qui lui tenait des propos incompréhensibles et qui avait osé toucher à son visage.

— Sers-moi cent grammes de raisins secs et cent grammes de *tokhmeh*.

Bilqis ne bougea pas.

— Tu n'as pas compris ? *Ya Allah ! Zoud kone*, je suis pressé.

— Je... Je n'ai pas le droit... Je n'ai pas le droit de toucher à ça. Le *sâheb* me frapperait...

— Il te frapperait ? Qu'il essaye seulement !

L'homme saisit un cornet en papier journal et le remplit de raisins secs. Il en fit de même avec des graines de tournesol séchées.

— Je vais prendre aussi des pistaches et des amandes. Tu sais combien ça coûte ?

Elle ne le savait pas. Elle ne touchait pas à l'argent et n'en connaissait pas la valeur.

— Tiens, voilà, prends cet argent, prends-le. Tu donneras ça à ton patron. Allez, bonne journée et que Dieu te protège !

Quand le gros homme revint à la boutique, Bilqis lui tendit les billets.

— C'est quoi, ça ? Où as-tu volé cet argent ?

Elle fit un pas en arrière tout en gardant le bras tendu avec les billets.

— Je t'ai questionnée, d'où vient cet argent ? A qui l'as-tu pris ?

— Un monsieur est venu, il a pris des *tokhmeh* et il m'a donné ça.

— Qui est cet homme ? Est-ce que je le connais ? L'avais-tu déjà vu ?

Elle secoua la tête.

— Combien de *tokhmeh* a-t-il pris ?

— Un cornet, et elle tendit le bras vers l'étagère.

— Il n'a rien pris d'autre ?

— Des *keshmesh*, des raisins secs, un cornet aussi.

— Et c'est tout ?

— Et puis aussi des pistaches et des amandes.

— C'est toi qui l'as servi ?

— Il s'est servi, m'a donné ces billets et il est parti.

— Par où est-il parti ?

— Là-bas, dit-elle en montrant de l'autre côté de la rue.

— Tu sais ce que tu as fait ? Tu m'as volé. Mais tu te rends compte ? Cela en vaut dix ou vingt fois plus, peut-être plus !

Et les coups se mirent à pleuvoir. Bilqis tomba au sol et les reçut dans le dos et derrière la tête. Il tapait avec ses pieds. Elle ne cria pas, ce qui agaça l'homme qui cogna plus fort encore.

— Arrêtez, arrêtez !

Le patron se retourna et vit Hamid sur le seuil de la porte.

— Que fais-tu ici ?

— J'apporte vos bouteilles.

— Pose-les par terre.

Le jeune homme déposa son chargement.

— File, maintenant, allez !

— Il ne faut pas frapper Bilqis. Il ne faut pas la frapper.

— De quoi te mêles-tu, petit arrogant ? Cela ne te concerne pas.

— Il ne faut pas frapper Bilqis. Je vous dis que ce n'est pas bien.

— Elle m'a volé. Elle a volé mon argent.

— J'ai tout entendu, elle n'a rien volé. Elle vous a remis l'argent du client.

— Quel client ? Il n'y a pas de client. Elle a tout inventé.

— J'ai vu le client. Je l'ai croisé quand il est sorti de la boutique. Je...

— Tu le connais ?

— Bien sûr que je le connais.

— Alors, dis-moi qui c'est.

— Mais enfin, patron, vous dites qu'elle a tout inventé, qu'il n'y avait pas de client, et maintenant, vous voulez savoir qui c'est ?

— Tu as mal compris.

Bilqis avait honte d'avoir été vue par Hamid. Ce dernier, au contraire, semblait très fier d'être intervenu à temps.

— Alors, qui est cet homme ?

— Amanollah, le garagiste, le cousin de votre femme.

Le gros homme se sentit soudain bien las. Il s'assit sur une chaise et demeura prostré quelques instants. Il avait été vu en train de frapper sa servante pour une erreur qu'elle n'avait pas commise. Il avait refusé de croire à la venue d'un client et voilà que l'inconnu était démasqué et que la domestique avait raison.

— Ça va, patron ?

Il ne répondit pas.

— Vous voulez un verre d'eau ?

— *Gom sho*, fous le camp, et ne remets plus les pieds ici.

Hamid avait souvent remarqué que Bilqis portait sur son visage des marques de coups. Elle tentait de s'en cacher mais parvenait mal à dissimuler les stigmates de sa souffrance. Il avait envie de faire quelque chose pour elle mais ne savait comment s'y prendre ni comment le lui dire. Il ignorait presque tout de cette domestique venue un jour de ses montagnes. Jamais il ne l'avait vue dans la rue ou en compagnie d'une autre jeune fille de son âge. Elle était toujours courbée dans la boutique ou l'entrepôt, elle portait des charges trop lourdes pour ses frêles épaules, elle servait le thé, allumait le narghileh, toujours en silence, rasant les murs telle une ombre qui a peur de la lumière.

Et pourtant, l'occasion se présenta un matin. Hamid était arrivé avec son chargement de jus de fruits, sodas et eaux minérales. Il avait vu le *sâheb* sortir et crier à sa femme : « Occupe-toi de tout, je ne rentrerai pas de la journée. » Hamid pénétra dans le magasin.

— *Sâheb khânoum, salâm.*

Elle lui rendit son salut.

— Le patron est là ?

— Il vient de sortir.

— C'est dommage...

— Pourquoi c'est dommage ?

— Parce que je voulais me faire régler ma facture. Il a deux semaines de retard.

— Reviens demain, mon mari sera là.

— Mais c'est mon patron qui ne va pas être content ! Qu'est-ce que je pourrais bien lui dire ?

— Tu lui diras ce que je viens de te dire. Il sera payé demain.

Hamid apporta ses caisses, inspecta les alentours, souhaitant apercevoir Bilqis. Soudain, il entendit le bruit caractéristique du balai qui glissait sur le sol. Il jeta un œil vers l'entrepôt, la vit et lui susurra rapidement :

— Reste là, ne bouge pas, je reviens.

Quand il en eut terminé avec sa livraison, il cria à la patronne qui avait disparu dans la cuisine attenante :

— Bonne journée, patronne, à demain !

— A demain, Hamid, à demain !

Sur la pointe des pieds, il se glissa dans l'entrepôt et fit signe à Bilqis de s'approcher dans un recoin sombre.

— Continue de balayer et écoute-moi, écoute-moi bien.

Son cœur battait très fort. Mais que lui voulait ce garçon qu'elle connaissait à peine et qu'elle appréciait tant ?

— J'ai vu ce que le patron t'a fait l'autre jour et je sais qu'il te frappe souvent.

La servante continuait à dépoussiérer le sol.

— Si tu as envie de le quitter, pas de problème. J'ai de la place chez moi, et tu pourrais garder mes petits frères et sœurs... Comme ça, quand je partirais travailler, je saurais qu'il y a quelqu'un auprès de ma tante pour garder les dix enfants qui habitent chez elle. Qu'en dis-tu ?

Elle ne donna aucune réponse. Elle s'était arrêtée de balayer un court instant puis avait repris son labeur. Leurs regards se croisèrent rapidement et il lui sembla apercevoir un timide sourire.

— Je reviendrai demain et tu me diras ce que tu en penses. Je serai ici vers midi, au même endroit. Le sâheb fume sa pipe chez le voisin à cette heure-là...

Le lendemain, Hamid revint. Bilqis était à genoux et lavait le sol. Il se glissa dans l'entrepôt sans que la patronne ne le voie.

— Alors ?

La jeune fille frottait sans s'arrêter.

— Tu as pris ta décision ? Tu veux venir ?

Elle bougea lentement la tête de haut en bas.

— Très bien. Tu viendras la semaine prochaine. J'en ai déjà parlé à ma tante et elle se réjouit de te connaître. Ne change rien à tes habitudes, je m'occupe de tout.

Le jeune homme passa dans le magasin sans se faire remarquer et interpella la maîtresse des lieux :

— Il y a quelqu'un ? *Sâheb khânoum*, vous êtes là ?

— *Amadam*, j'arrive ! Qu'est-ce que c'est ? Ah, c'est toi, Hamid... Mais pourquoi cries-tu si fort ?

— Je suis de bonne humeur aujourd'hui. Dites, où est le patron ? C'est pour ma facture.

Elle grommela quelques mots et il fila dehors, chez le voisin.

Une semaine plus tard, Bilqis était installée à l'autre bout de la ville, dans la maisonnette à un étage de Homa Khânoum, la tante du jeune livreur. Le déménagement avait été facile. Pour tout bagage, l'adolescente ne possédait qu'une jupe, une chemise, des bas de laine et un peigne. Dans son va-et-vient de transport de cageots pleins et de cartons vides, Hamid avait emporté les effets de la servante et au moment où le patron et sa femme s'étaient retirés pour la sieste de l'après-midi, il l'avait emmenée à son tour, lui demandant seulement de le suivre dans la rue sans se faire remarquer. Dix minutes plus tard, elle pénétrait dans une maison faite de brique et de torchis, bien entretenue. Un jardinet et un petit bassin donnaient un peu de fraîcheur au lieu. Un impressionnant silence y régnait.

— Tout le monde dort. C'est ainsi tous les jours. Tu feras de même... Vers quatre heures, ça recommence à courir et à hurler.

Pour la première fois depuis deux années, Bilqis était sortie dans la rue. Jamais elle n'avait franchi le seuil de la maison de ses patrons, jamais elle n'avait vu plus loin que le bout de la rue.

— Viens, je vais te verser un sirop, tu dois avoir soif... Assieds-toi ici, je te ferai visiter la maison quand tout le monde sera réveillé.

Une demi-heure plus tard, une tête hirsute et juvénile apparut dans l'encadrement de la porte.

— C'est qui, elle ?

— Elle, c'est Bilqis. C'est mon amie. Elle va s'occuper de vous... Viens dire bonjour...

Puis, une seconde tête apparut, suivie d'une troisième. Bientôt la chambre fut trop petite pour accueillir une dizaine de bambins curieux, désirant voir la nouvelle venue. Enfin apparut Homa Khânoum, la tante. Bilqis se leva et, spontanément, baissa la tête.

— *Salâm*.

— *Salâm al leikoum, khânoum*.

— *Khosh âmadi*, sois la bienvenue.

Homa Khânoum devait avoir l'âge de Homeira, peut-être moins. Grande, mince, se tenant droite, elle avait le visage fin et souriant.

— Depuis la mort de ma sœur, nous sommes douze ici. Tu le sais, peut-être... Mon mari est mort à la guerre, il y a trois ans. Je suis seule pour élever tous ces enfants et Hamid m'aide beaucoup. C'est un très gentil garçon qui travaille tout le temps. Je ne sais pas quand il trouve le temps pour dormir... Dernier couché, premier levé. Ici, tu seras chez toi, c'est ta maison. Tu m'aideras, je te nourrirai, tu dormiras avec moi et les deux aînés qui ont douze et onze ans. Tu verras, vous vous entendrez bien.

Bilqis n'avait toujours pas dit un mot. Elle vivait un rêve éveillé. Les enfants la touchaient, lui souriaient, voulaient monter sur ses genoux...

— *Batchâhâ*, les enfants ! Du calme, *yavâsh* ! Laissez Bilqis tranquille... Elle va rester ici, elle ne va pas se sauver...

Des larmes montèrent aux yeux de la jeune fille ; elle se revoyait chez elle, aidant sa mère avec ses frères et sœurs, les lavant, les nourrissant, les installant sur leurs couches pour la nuit... Tout cela semblait si loin...

— Tu pleures ? Pourquoi pleures-tu ?

— Elle ne pleure pas, dit Hamid, elle est contente d'être ici et elle est un peu fatiguée. Allez jouer, laissez-la tranquille !

Puis, toute la marmaille disparut aussi vite qu'elle était venue.

— Ils sont gentils, tu sais, mais chaque fois qu'il y a un visiteur, c'est la même chose.

Bilqis fit une toilette succincte, installa son maigre balluchon sur une étagère et rejoignit Homa Khânoum dans la cuisine.

— Hamid m'a raconté tes soucis. Le mieux, c'est d'oublier tes anciens patrons. Je ne les connais pas bien mais ils n'ont pas bonne réputation. Plusieurs jeunes filles ont travaillé pour eux mais elles ne sont pas restées longtemps. Ne te montre pas hors de la maison et tout sera oublié. Ils ne te chercheront pas longtemps et t'auront vite remplacée. Ici, tu fais partie de la famille, tu mangeras avec nous, tu dormiras avec nous, tu feras ton travail avec moi et nous irons nous promener tous ensemble dans la montagne. Et si tu as un souci, dis-le-moi.

Jamais quelqu'un ne lui avait parlé ainsi, pas même à Garm-Ab.

— Je vois que tu n'as pas beaucoup d'effets. Je te donnerai des robes que je ne porte plus et tu auras un nouveau pantalon et des sandales convenables. J'ai aussi un beau foulard pour toi.

Le boutiquier avait effectivement fait des recherches. Il était furieux.

— Cette dévergondée ! Non seulement, elle volait, non seulement, elle ne travaillait pas, mais elle sentait mauvais et aguichait mes clients... Tu ne l'as pas vue, Hamid, toi qui vas et viens dans le bourg ?

— Non, *sâheb*, mais si j'apprends quelque chose, je vous le dirai.

— Je sais que tu sais quelque chose... Attention ! Si tu ne me dis pas la vérité, je saurai m'en souvenir...

— Pourquoi vous cacherais-je la vérité ? Je n'étais même pas là quand elle est partie... Je ne sais rien, je vous le jure !

— Elle te plaisait pourtant bien, cette petite garce... Dis-moi, elle te plaisait bien, non ?

— Patron, qu'est-ce que vous allez chercher là... Je la connaissais à peine... Elle ne parlait à personne, je ne la saluais même pas...

La patronne intervint :

— Je t'ai vu lui parler, un jour, que te voulait-elle ?

Mais au fil des semaines, Bilqis fut oubliée. Une autre fille l'avait remplacée, nouveau souffre-douleur d'un couple violent et hargneux.

Homa faisait de la couture à domicile : blouses, pantalons, tchadris, napperons, mouchoirs, foulards... Bilqis avait appris à coudre dans son village mais elle était émerveillée par la dextérité de sa nouvelle patronne. Elle apprit avec patience et application à manier l'aiguille, à faire fonctionner la machine à coudre à pédale, à utiliser le fer à repasser qui chauffait sur la plaque du poêle, à découper aux ciseaux. Quand elle apercevait Hamid, elle lui souriait puis baissait son regard vers son ouvrage. Elle appréciait ce garçon qui était toujours d'humeur égale, patient avec les enfants, respectueux avec sa tante et prévenant à son égard. A la maison, il était en quelque sorte le maître. Jamais il n'élevait la voix mais tout le monde lui obéissait. Il aidait sa tante à porter les fardeaux trop lourds, à étendre le linge, à changer l'eau du bassin, à laver le sol et astiquer le carrelage. Il l'accompagnait au marché, marchandait les prix, plaisantait avec les uns, saluait les autres.

Chaque fois qu'il rentrait à la maison, midi et soir, il rapportait quelque chose à Bilqis : parfois un bonbon, souvent des pistaches ou des amandes, plus rarement une fleur qu'il avait coupée. Des fois, il lui arrivait de frôler son épaule, de toucher sa main... Un jour, elle se piqua assez profondément avec une épingle, il lui rinça alors le doigt sous le robinet du jardin et lui confectionna un pansement avec du coton et du fil. Et quand il eut terminé, il lui déposa un baiser sur le front et disparut dans la rue en courant.

Elle te plaît, n'est ce pas ?

— Que dites-vous là, ma tante ?

— Je te vois, depuis quelque temps, tu n'es plus le même.

— Je ne vous comprends pas. Je fais mon travail, j'aide tout le monde, y compris Bilqis !

— Et je vois aussi qu'elle n'est pas insensible à tes attentions pour elle. Elle ne me pose aucune question mais je vois bien comme elle est heureuse quand tu rentres à la maison ; elle te sert ton thé, s'assied non loin de toi, je ne suis pas aveugle, tu sais !

— Je trouve Bilqis très gentille, elle fait bien son travail et vous assiste au mieux. Je crois qu'elle a trouvé une maison ici et j'en suis heureux pour elle.

— T'a-t-elle dit qu'elle ne sait ni lire ni écrire ?

— Et alors ?

— Tes petits frères et sœurs vont à l'école deux heures par jour, tes cousins aussi. Elle n'y a jamais mis les pieds, qu'en penses-tu ?

— J'en pense que je vais chaque jour lui apprendre l'alphabet et les premiers mots et quand elle aura progressé, elle pourra aller à l'école. Qu'en dites-vous ?

— Mais où trouveras-tu le temps ?

— Du temps, j'en trouverai, ne vous en faites pas. Demandez-lui seulement si elle accepte. Et puis, avec les devoirs des petits, le soir, elle pourra progresser plus rapidement...

Sitôt dit, sitôt fait. Bilqis prit ses premiers cours d'alphabet à l'automne, et au printemps, elle sut écrire plus de deux cents mots. A l'automne suivant, elle pourrait aller en classe de quatrième, à l'école d'en face. Fallait-il encore l'en convaincre ! La rue lui faisait peur, elle n'était jamais sortie, ni seule, ni en groupe.

— Elle ne veut jamais sortir de la maison...

— Ne vous inquiétez pas, ma tante. Je me charge de la faire changer d'avis. Et puis, nous avons encore six mois devant nous...

CHAPITRE 6

La fuite

Eté 1993. La petite ville d'Alandâr était écrasée de chaleur. L'air y était irrespirable. Pas le moindre bruit ne s'élevait de la rue principale. De temps à autre, un chien errant apparaissait furtivement, à la recherche d'un os ou d'un détritus abandonné. Les rares arbres se dressaient, immobiles et poussiéreux. Même le Hariroud qui coulait au nord de la localité était asséché et de maigres poissons flottaient le ventre en l'air. Pas le moindre nuage à l'horizon, pas le moindre oiseau dans le ciel.

La sacro-sainte sieste avait anesthésié l'endroit. Des draps flottaient sur quelques toits, des mouches tournoyaient goulûment autour de charrettes de fruits et de légumes à l'intérieur des échoppes, le drapeau afghan au-dessus de la mairie était aussi gris que le sol et les murs des maisons.

Soudain, le bruit sourd de moteurs parvint du lointain. Selon les sinuosités de la route, il disparaissait puis se rapprochait, pour s'effacer à nouveau. Enfin, il se fit plus intense et tout au bout de la rue apparurent trois véhicules qui pénétrèrent lentement dans la bourgade.

Un à un, des habitants sortirent de leurs demeures, le regard interrogateur et curieux. Les uns portaient un pantalon de pyjama, d'autres une culotte courte, d'autres avaient passé un drap autour de leur corps.

La voiture de tête s'arrêta devant la mairie où était supposé se trouver le premier élu de l'endroit.

— *Shahrwâli kodjâst*?

— Le maire est chez lui, je cours le chercher, proposa un jeune homme qui détala vers la rivière.

Cette douzaine d'hommes armés étaient des militaires. Barbus, le cheveu ras, relativement jeunes et déterminés, ils s'assirent sur le banc qui longeait le mur de la mairie.

— *Tchâi biârin.*

— Tout de suite... Je vous apporte le thé..., se proposa un autre. Un instant!

Le maire arriva, remontant son pantalon et rajustant sa chemise.

— *Khosh âmadid*, soyez les bienvenus. Que puis-je faire pour vous?

Celui qui de toute évidence était le chef intervint :

— C'est toi le maire du lieu?

— Oui, c'est moi.

— Depuis combien de temps ?

— Huit années environ.

— Alors, tu dois avoir la liste de tous les habitants de ta ville ?

— Oui, j'ai cette liste. Elle est dans mon bureau.

— Va la chercher et fais rassembler toute la population mâle. Dans un quart d'heure, tout le monde doit être ici, *ya Allah, zoud kone* !

Et l'édile disparut.

Debout dans sa jeep, le chef s'adressa aux hommes de la cité :

— Vous savez qui je suis ?

Les hommes se regardèrent, il y eut des murmures, puis le silence se fit.

— Je suis le capitaine Azizollah Khan, j'arrive avec mes hommes de Herat. Vous connaissez Herat ? Combien parmi vous connaissent Herat ? Levez le bras !

Huit, dix, douze, vingt bras se dressèrent.

— Toi, là, devant, c'est quoi Herat ?

L'homme bafouilla :

— C'est une grande ville, je n'ai jamais vu d'endroit pareil...

— Et toi, c'est quoi Herat ?

— Il y a la grande mosquée Djâmi, le palais, le palais...

Le capitaine leva les deux bras :

— Les Shoravis sont partis il y a quatre ans, et il cracha par terre. Que le diable les emporte !

L'assistance répéta :

— Que le diable les emporte !

— Mais un autre ennemi nous guette à l'intérieur du pays, tout aussi dangereux et fourbe... Vous savez qui sont ces fourbes et ces ennemis de Dieu ?

Les hommes se regardèrent à nouveau, perplexes.

— Eh bien, je vais vous le dire : ces nouveaux ennemis, ce sont les gens du Nord, ceux de Mazar-Sharif, ceux de Kunduz, ceux du Panchir... Ceux qui reçoivent leur argent et leurs armes de l'étranger... Ceux qui font la guerre à notre président et à mon chef Esmail Khan. Vous m'avez entendu ?

Tous hochèrent la tête.

— Vous m'avez compris ?

— Oui, capitaine !

Le militaire toussota et ouvrit le registre que le maire lui avait remis.

— Je vais lire le nom des hommes, lentement, les uns après les autres. A l'appel de votre nom, vous ferez un pas en avant et viendrez vous présenter à mes lieutenants. Vous avez compris ?

— Oui, capitaine.

De loin, Hamid observait la scène. Il avait été réveillé par le bruit des jeeps et avait préféré se tenir à l'écart. Au loin, il voyait que le groupe d'hommes avait augmenté, il savait ce que ces soldats étaient venus faire. Il ne tenait absolument pas à aller combattre.

Cent quatorze noms d'hommes furent ainsi égrenés. Les moins de quatorze ans furent renvoyés dans leurs maisons. Les plus de soixante ans également. Quarante hommes restèrent alignés en plein soleil devant la dizaine de militaires, l'arme à l'épaule.

— Il manque onze hommes. Je vous redis les noms.

Personne ne broncha.

— Savez-vous où ils sont ?

L'un des absents était à Chaghchârân, chez son père malade. Un autre avait dû aller à Badgâh avec son frère. Un autre vivait maintenant à Kamanj... Des palabres s'engagèrent.

— Et Hamid Zikria ?

Tout le monde connaissait Hamid, le jeune homme aux boissons et à l'eau minérale. Personne ne répondit.

— Où est sa maison ? Je répète : où est sa maison ?

Des bras se tendirent vers le nord, en direction de la mosquée.

— Accompagne le lieutenant vers sa maison et ramène-le-moi. Fais vite !

C'est Homa qui accueillit les deux hommes.

— Je viens chercher Hamid, votre fils.

— Hamid n'est pas mon fils. C'est le fils de ma défunte sœur.

— Où est-il ?

— Il est parti il y a quelques jours à Masjed Negâr, là où vivait sa mère, pour régler des affaires de famille. Sa mère est morte, il a des frères et sœurs, il est chef de famille et doit s'occuper des enfants.

— Quand a-t-il dit qu'il reviendrait ?

— Dans une semaine, je crois. Je n'en suis pas certaine...

Rapport en fut fait au capitaine.

— Tous les absents ont une semaine pour venir se présenter au maire. Tout homme qui ne se sera pas présenté à la mairie dans une semaine sera considéré comme fuyard et déserteur. Il sera immédiatement fusillé sur place à titre d'exemple. C'est bien compris ?

— Oui, capitaine !

Azizollah Khan et le maire discutèrent quelques instants puis les trois véhicules disparurent dans un nuage de poussière. Le magistrat prit la parole :

— Ces hommes reviendront dans une semaine. Je sais que vous voulez protéger votre mari, votre fils ou votre père. Je n'ai pas envie que mon fils de seize ans aille se faire tuer. Personne ne souhaite cela. Mais je ne veux pas non plus que du sang soit versé sur cette place quand on aura retrouvé un déserteur ! Soyez raisonnables, rentrez chez vous et prenez une sage décision. Que le Tout-Puissant vous assiste !

Chacun se retira, commentant les ordres du capitaine et les conseils de l'élu. Le village redevint alors calme et silencieux, la scène avait duré trois quarts d'heure. C'était la quatrième fois en une dizaine d'années que des sergents-recruteurs venaient chercher des jeunes gens et des adultes pour « sauver le pays en danger ». La bourgade avait déjà perdu quarante-quatre hommes dans cette interminable guerre civile...

Homa Khânoum et Hamid parlèrent longtemps cette nuit-là. Devait-il se présenter à la mairie ? Tous savaient qu'il était en ville et il pouvait être dénoncé à tout instant. Des primes à la délation étaient données. Devait-il se cacher dans la bourgade et continuer à aider les uns et les autres comme il le faisait depuis toujours, au risque de se faire interpeller par un officier de passage ? Devait-il au contraire fuir Alandâr et retourner au village de sa mère le temps que la situation se clarifie et que tout rentre dans l'ordre ?

— Si tu t'engages, tu ne pourras jamais déserter, c'est certain. Te rappelles-tu ce qu'ils ont fait l'année dernière avec les jumeaux du puisatier ? Et j'ai appris que cette fois, ils vous enverront à l'autre bout du pays, bien plus loin que Kaboul, dans les montagnes et les déserts...

— *Khâleh djan*, ma chère tante, j'ai pris ma décision dès que j'ai vu ces hommes. Je n'ai pas l'habitude de fuir mes responsabilités. Je travaille depuis des années, l'effort ne me fait pas peur. Je serai soldat aussi longtemps qu'il le faudra et chaque mois, je vous donnerai de mes nouvelles et vous enverrai ma solde.

— Tu sais bien que tu ne seras pas payé ! Quand ton pauvre oncle est parti combattre les Shoravis... Pendant les trois années qui ont précédé sa mort, Dieu préserve son âme et qu'il repose en paix...

— Dieu préserve son âme et qu'il repose en paix...

— ... Jamais je n'ai reçu le moindre afghani, jamais !

— La seule chose qui me rend triste, ma tante, c'est de vous savoir seule avec vos enfants et ceux de votre sœur. Cela fait beaucoup pour vous, beaucoup trop...

— Bilqis est là pour m'aider. C'est un don de Dieu. Tu as bien fait de l'installer ici. Elle m'aidera comme si elle était ma fille aînée ou ma petite sœur.

— Oui, il y a Bilqis mais elle ne vous rapporte pas d'argent comme moi. Elle ne gagne pas encore sa vie. Elle apprend tout juste à lire et à écrire et elle compte encore très mal.

— Ne t'inquiète pas, tout ira bien. Mon travail me permet de ne manquer de rien, nous mangerons tous à notre faim et Dieu veille sur nous. Ne crains rien.

La nuit était fort avancée quand la tante et le neveu se séparèrent pour dormir. Elle porterait conseil et, demain, la décision définitive serait prise.

Le surlendemain, Homa prit l'autobus avec sa dizaine d'enfants pour assister au mariage d'une autre sœur dans un bourg au-delà de Chaghchârân.

— Je reviens demain soir. Je te laisse ici avec Bilqis. Va voir le *shahr wâli* et dis-lui que tu te présenteras à sa mairie jeudi matin. Il faut que tout le monde sache que tu ne te caches pas, que tu es un brave garçon et que tu feras ton devoir comme tous les hommes d'ici.

Hamid déambulait dans la rue principale de la bourgade quand il fut interpellé par un homme.

— Tu me connais, Hamid ?

— Non, je ne te connais pas. Qui es-tu ?

— Regarde bien mon visage... Il ne te rappelle rien ?

Le jeune homme le scruta mais ne le reconnut pas.

— Tu es bien le neveu de Homa Khânoum et le fils de Shir-Ali, mort à la guerre ?

— C'est bien moi, qui es-tu ?

— Je voyage de village en village. Je connaissais ton père, ta pauvre maman et tes frères et sœurs. Je connais tout le monde ici, oui, tout le monde...

Il y eut un bref silence puis l'homme poursuivit :

— Et je connais aussi Bilqis, c'est moi qui l'ai fait venir de Garm-Ab jusqu'ici.

— Et alors ?

— C'est que j'en sais des choses sur elle... Beaucoup de choses que tu ne connais pas...

— Et qu'est-ce que tu sais ?

— La raison pour laquelle elle a dû quitter sa famille, par exemple.

— Eh bien, dis-la-moi !

L'homme se mit à sourire.

— C'est une longue histoire, tu sais... Elle ne se raconte pas comme ça, en quelques minutes...

Hamid devint insistant :

— Si tu ne dis rien, c'est que tu ne sais rien, absolument rien.

Et il fit mine de partir. L'homme le retint par le bras.

— Viens, on va s'asseoir quelques instants au *tchâi khâneh* là en face. Que veux-tu boire ?

Une demi-heure plus tard, Hamid savait tout sur Bilqis et sur son viol par les Soviétiques. Il resta muet un long moment puis se leva.

— Je dois partir, j'ai du travail. J'ai encore tant de choses à faire avant de partir à l'armée, tant de choses...

Quand il rentra à la maison, Bilqis était dans le jardin en train d'arroser l'herbe et quelques fleurs. Elle lui sourit. Lui ne la regarda pas et s'enferma dans la chambre qu'il partageait avec deux petits frères et trois neveux. Quand la jeune fille frappa au carreau de la fenêtre pour lui dire que le repas de midi était prêt, il lui hurla :

— Je n'ai pas faim !

Puis, il commença à faire sa sieste, mais ne trouva pas le sommeil, regardant le plafond où les mouches tournaient en rond autour du tuyau du poêle. Et si ce que l'homme venait de lui dire était vrai ? Il y avait tant de détails qui coïncidaient. Pourquoi lui avait-il appris cette histoire alors qu'il s'apprêtait à partir à la guerre ? Il n'avait aucune réponse à toutes ces questions qui le hantaient. Sa tante savait-elle quelque chose ? Il ne le pensait pas. Et le boutiquier ? S'il l'avait su, la nouvelle aurait fait le tour de la ville depuis longtemps déjà !

En fin d'après-midi, sans se faire remarquer, il sortit pour tenter d'en savoir plus. Mais à qui le demander ? Il entra chez l'ancien patron de Bilqis et s'attabla.

— Tu veux un thé, mon garçon ? grommela le gros homme.

— Non, un sirop.

L'homme vint s'asseoir à ses côtés.

— Tu ne travailles pas, aujourd'hui ?

— Aujourd'hui, je suis fatigué. Ma tante est partie chez sa sœur, la maison est vide. J'en profite pour nettoyer et mettre un peu d'ordre.

— Bilqis est partie aussi ?

— Vous, vous saviez pour Bilqis ?

Le boutiquier se mit à rire.

— Je l'ai toujours su. Comme j'ai toujours su que c'était toi qui l'avais aidée. Bon débarras ! me suis-je dit. J'étais libéré d'une voleuse et d'une paresseuse.

— Elle n'a jamais rien volé.

— C'est toi qui le dis !

— Non, c'est la patronne, appelez-la !

Le gros homme s'épongea le front.

— Si tu crois tout ce que disent les femmes, c'est que tu es encore bien naïf ! Et puis Bilqis a mauvaise réputation.

— Mauvaise réputation ? Qu'est-ce que cela veut dire ?

— Eh bien qu'elle a mauvaise réputation ! J'ai entendu des rumeurs sur elle, tu as bien fait de l'emmener d'ici.

La patronne, qui avait tout entendu de la pièce d'à côté, intervint :

— Il y a des choses que les femmes ressentent et qui ne trompent pas.

— Explique-toi ! grommela le mari.

— Je t'en ai déjà parlé autrefois mais tu n'écoutes jamais rien...

— Eh bien, redis-le-moi !

— Ma cousine, tu sais, celle qui habite Pasaband, m'a dit qu'il y a eu, il y a quelques années, un viol collectif soit à Sard Ab, soit à Garm-Ab, elle ne s'en souvient plus très bien. Des Shoravis ivres ont abusé d'une gamine de douze ou treize ans qui lavait son linge à la rivière. C'est peut-être Bilqis, comme c'est peut-être une autre enfant...

— On a bien fait de s'en débarrasser si c'est elle. Que le diable l'emporte, elle et tous les siens !

Hamid ne dit rien. Il paya sa boisson et prit congé.

— J'ai appris que tu t'étais inscrit sur les listes de la mairie, mon garçon. Ton père et ta mère seraient fiers de toi. Je me serais bien inscrit moi aussi mais avec mon poids et mon cœur fragile, ils n'ont pas voulu de moi.

Cette fois, le jeune homme n'avait plus aucun doute. Entre les propos de l'inconnu, le matin même, et ceux qu'il venait d'entendre de la bouche du patron et de sa femme, Bilqis devait être sans aucun doute possible la fillette violée par les Soviétiques lors de leur retrait. Tout devint confus dans sa tête, tout s'y mélangeait. Il n'entendit pas ses amis lui crier :

— Bravo, Hamid, pour ton geste !

— Ne t'inquiète pas, tout va bien se passer.

— *Aferine*, bravo !

Il bouscula le maire et le charpentier qui devisaient paisiblement.

— Eh bien Hamid, on ne s'excuse plus ?

— Laisse, depuis ce matin, il est candidat à l'armée et cela doit le perturber...

En rentrant chez lui, il prit une pomme et un morceau de pain dans la cuisine et retourna dans sa chambre. Il se jeta sur son matelas et se mit à pleurer.

— Alors, c'est vrai tout ça. Je ne voulais pas y croire ! Mais comment ai-je pu être attiré par cette fille, par cette putain, par cette *fâéché* ? Et comment ai-je pu la faire venir sous le toit de ma tante, s'occuper de ma famille, partager nos repas ? Comment ai-je pu lui sourire, lui parler, la défendre quand elle souffrait ? Comment ?

Les questions se bousculaient dans sa tête et il n'avait aucune réponse.

La nuit était tombée depuis longtemps quand il se décida à sortir de sa chambre et à rejoindre Bilqis dans la cuisine. La jeune fille lui avait préparé du *âche*, la soupe qu'il aimait particulièrement, du riz et des brochettes d'agneau. Une nouvelle fois, elle lui sourit mais il ne lui rendit pas son salut. Il faisait tremper son pain dans l'assiette et avalait à grand bruit. C'était la première fois qu'il mangeait seul avec elle. Il en était gêné, elle aussi. Mais il fallait qu'il sache. Il devait savoir avant d'aller rejoindre son détachement. Comment aborder le sujet, comment lui parler ?

Elle lui en fournit l'occasion :

— Veux-tu encore de la soupe ? Elle est très chaude.

Il grogna une imperceptible réponse. Elle n'en comprit pas le sens et approcha une louche de son assiette. A peine eut-elle le temps de réaliser, que l'ustensile vola à travers la pièce.

— Je t'ai dit que je n'en voulais pas ! Tu n'as donc pas entendu ?

Bilqis ne comprit pas. Elle regarda le jeune homme, effarée. Elle ramassa la louche, prit un chiffon et nettoya les taches de potage. Quand elle revint s'asseoir, Hamid avait quitté la pièce. Elle l'appela, le chercha dans le jardin, regarda dans les chambres, jeta un rapide coup d'œil dans la rue. Tout y était sombre, rien ne bougeait, pas le moindre bruit. Seul un âne tirant une charrette passa devant la porte. A sa droite, les lumières de l'estaminet étaient allumées, à gauche, à la sortie de la bourgade, rien sinon la route qui s'enfonçait dans la nuit.

Elle laissa le riz au chaud sur le feu, espérant que son jeune ami reviendrait d'un instant à l'autre. Elle n'avait pas compris ce qui s'était passé, elle avait l'habitude de ces gestes brutaux de la part des hommes qu'elle servait. Elle avait été surprise par la réaction d'Hamid mais ne s'en offusquait pas. Elle savait qu'il allait partir à la guerre et l'avait suivi du regard durant toute la journée. Il n'était plus le même homme, n'avait parlé à personne depuis le départ de sa tante. Il s'était enfermé chez lui et était sorti une bonne partie de l'après-midi. Elle s'était réjouie de son retour car elle n'aimait pas rester seule à la maison quand la maîtresse était absente. Sa présence la rassurait.

Jamais, elle ne lui avait adressé la parole en premier. Elle ne faisait que répondre aux questions, d'une voix douce et basse. Elle n'avait pas entendu la réponse d'Hamid. Avait-il dit oui, avait-il dit non ?

— Est-ce vrai ce qu'on dit sur toi ?

Elle tournait le dos à la porte quand la voix résonna. Un frisson la parcourut. Elle ne bougea pas. C'était lui. Que lui voulait-il ?

— Tourne-toi quand je te parle. Est-ce vrai ce qu'on dit sur toi ?

Bilqis regarda Hamid puis baissa les yeux.

— Que dit-on de moi ?

— Que tu, que tu, enfin, qu'autrefois, dans ton village, tu aurais été souillée par les Shoravis. Enfin, qu'ils...

Elle le regarda ardemment. Cette fois, ce fut le jeune homme qui baissa le regard.

Il se reprit.

— Des rumeurs circulent en ville que tu as été salie par les Shoravis quand ils ont été chassés du pays. Est-ce vrai ? Pourquoi ne réponds-tu pas ?

Ses yeux verts se remplirent de larmes. Personne depuis des années ne lui avait rappelé ces souvenirs horribles qu'elle voulait à tout prix effacer de sa mémoire, personne. Et voilà que, soudain, Hamid, l'homme pour lequel elle avait le plus d'estime, lui remémorait son passé pénible et humiliant.

Il s'approcha. Bilqis recula. Les yeux d'Hamid avaient changé d'aspect : ils étaient devenus durs, presque inhumains, son regard était le même que celui de sa mère quand elle l'avait rouée de coups le lendemain du viol. Son cœur se mit à battre très fort ; elle entendait la respiration saccadée de l'homme qui lui faisait face.

— C'est donc bien vrai, c'est donc toi qui t'es offerte à ces salauds. Dis-moi que c'est vrai, dis-le !

Tout se passa alors très vite. Il se rua sur elle, lui griffa le visage, lui arracha son foulard, déchira sa blouse et faillit l'étouffer avec un coussin. Elle tenta de crier mais aucun son ne sortit de sa bouche. Elle sentait la main d'Hamid fouiller ses vêtements et son corps. Il avait une force impressionnante, décuplée par la rage et le désir. Elle lutta le plus qu'elle put mais finit par céder. Sa robe avait été à moitié arrachée, son pantalon déchiré. Elle était épuisée, son souffle était court, son cœur allait éclater.

Hamid la prit avec force tout en lui hurlant dans l'oreille :

— *Fâéché*, tu es une putain...

Elle dut s'évanouir. Elle revoyait la rivière, là-haut, dans sa montagne... Les militaires qui avaient abusé d'elle, la longue remontée vers la maison, couverte de terre et de sang... Elle entendait les hurlements de Homeira, revoyait l'étable, les moutons et le départ vers la plaine...

Quand elle se réveilla, la maison était silencieuse. Elle se leva, aspergea le feu, remit les plats et les ustensiles à leur place, remit en ordre tout ce qui traînait, éteignit la lampe à pétrole et se dirigea vers sa chambre. Elle alluma une bougie, se dévêtit, enfila d'autres vêtements qu'elle avait rangés sur une étagère, se recoiffa longuement les cheveux, prit ses effets et les assembla dans un morceau de jute qu'elle noua. Elle referma silencieusement la porte, et pendant que Hamid dormait dans la chambre voisine, se dirigea à la lumière de la bougie vers la sortie.

Elle affronta la rue avec mille précautions. Jamais elle ne s'était hasardée hors de la maison de Homa Khânoum. Telle une ombre, elle rasa les murs de la cité endormie. Où aller ? Elle n'en avait aucune idée. Elle devait quitter sa demeure et cette bourgade au plus vite. La rumeur allait se répandre, on allait savoir... Hamid se vanterait... On ne pourrait plus la cacher, comme à Garm-Ab. Elle se blottit pour la nuit derrière un mur en construction. Au matin, elle aviserait. Elle avait sommeil, elle voulait oublier.

Le bruit d'un moteur la réveilla alors que le soleil n'était pas encore apparu. Elle se leva et tenta de percer la nuit. Les phares du véhicule étaient allumés et le moteur tournait. Elle vit une ombre qui déchargeait des caisses devant une boutique. Elle se redressa avec d'infinies précautions et s'approcha du camion. Elle profita de l'éloignement du chauffeur qui transportait sa marchandise pour grimper agilement à bord et se dissimuler au milieu de toute une cargaison de fruits et de légumes, de bouteilles et de boîtes de conserve. Elle entendit des voix et se blottit davantage.

— Le compte y est, j'ai même ajouté de la bière.

— Je te réglerai ta facture à ton retour. Tu repasses quand ?

— Dans deux ou trois jours, *Inch Allah* !

— *Inch Allah ! Safar békheir*, bonne route !

L'homme rabattit la bâche, la fixa avec une corde et enclencha une vitesse. Un ronronnement sourd emplit l'espace et l'engin se mit en route. Il prit de la vitesse. Elle entendit de la musique en provenance de la cabine et s'installa tant bien que mal. Repliée sur elle-même, elle eut à lutter contre le froid qui était vif à cette heure de l'aube, contre l'inconfort de sa situation et les nids-de-poule de la chaussée. A chaque fois, elle sursautait, basculait, ou recevait un carton sur les genoux.

Alors que le sommeil la gagnait à nouveau, le camion s'arrêta. Elle se fit plus petite encore. Une portière claqua, la bâche fut relevée et une pâle lumière pénétra. Des caisses furent enlevées, d'autres bougées, puis le moteur se remit en marche. Il y eut ainsi quatre arrêts. Bilqis s'était cachée sous des couvertures et un tas de chiffons qui sentaient l'huile et l'essence. Bientôt, le camion fut vide. Elle avait dérobé deux pommes et une tomate qu'elle avait enfouies dans son baluchon. Enfin, il y eut un arrêt plus long que les autres. Elle surprit les bribes d'une conversation :

— Tu as amené les biscuits et le fromage ?

— La prochaine fois. Il n'y avait plus de fromage.

— Tu restes en ville ?

— Oui, je range mon véhicule et je reviens. Attends-moi.

Elle ne savait pas du tout où elle était. D'ailleurs, peu lui importait. Elle voulait s'éloigner le plus possible de la maison de Homa. Puis, des images lui revinrent en mémoire : Hamid violent et brutal, ses hurlements et ses questions qui lui avaient fait si mal, le patron qui l'avait frappée aussi, si souvent, le manque de sommeil et les corvées d'eau quand il gelait à pierre fendre, toujours mal vêtue, les mains violacées par le froid. Elle revit le doux visage de Homa Khânoum, patiente et souriante avec elle, les bambins qui gambadaient... Elle avait repris goût à la vie depuis quelques mois, elle avait retrouvé une famille, elle avait, l'espace d'un moment, oublié son passé...

La faim la réveilla. Elle souleva la couverture, regarda autour d'elle, ne vit que quelques caisses vides et des cageots épars. Avec mille précautions, elle sortit une pomme de la toile de jute et la croqua à pleines dents. Il faisait moins froid dans son espace. Elle se redressa et appliqua son œil à travers un trou de la bâche. Elle aperçut trois échoppes, un bout de rue et quelques épineux qui roulaient sur le sol au gré du vent. Il devait être midi. Pas le moindre bruit, pas le moindre mouvement...

Elle s'assit et termina son fruit. Comment faire maintenant pour sortir ? Profiter de la sieste du village ? C'était trop risqué ! Attendre la nuit et errer dans un bourg qu'elle ne connaissait pas ? Peut-être, mais il ne fallait pas rester à bord de la camionnette. A tout instant, l'homme pouvait revenir, chargé d'autres cartons et colis, et, très certainement, il la découvrirait ! Et si le véhicule faisait demi-tour et reprenait sa route en sens contraire ? Elle pourrait se retrouver au point de départ !

Elle mangea la seconde pomme et s'assoupit. Bien plus tard, des voix la réveillèrent :

— Tu repars quand ?

— Demain matin, de très bonne heure. Je dois être à Chaghchârân en fin d'après-midi.

— Tu as de la marchandise à transporter ?

— Peu de choses, des bidons d'essence, du riz, des meubles et une baignoire.

— Viens, on va manger et je t'aiderai à charger ton camion.

Elle avait donc peu de temps devant elle. Le jour déclinait certes mais la luminosité était encore intense. Elle devait être dans une ruelle. Sur la pointe des pieds, elle se dirigea vers la bâche et la souleva discrètement. Le véhicule était accolé à un mur et elle avait tout juste la place de se glisser dehors. Bilqis allait sortir quand elle entendit à nouveau une conversation. Des gamins discutaient :

— Tu crois qu'il y a des choses à prendre ?

— Grimpe et va voir !

— Aide-moi à monter, allez pousse !

— Soulève juste la bâche. Tu jettes un œil et tu me dis ce que tu vois.

La jeune fille s'était cachée sous les couvertures. Son cœur battait fort et elle avait peur d'être vue.

— C'est vide, il n'y a rien. Juste un tas de couvertures, de vieux chiffons et de cartons renversés.

— Va voir quand même !

C'est alors qu'une voix d'homme se fit entendre :

— Hé, là-bas ! Qu'est-ce que vous faites ?

— Rien, m'sieur ! Rien, on regardait juste...

— Viens ici, sale garnement !

Il y eut le bruit d'un coup, le cri d'un gosse et une fuite dans la ruelle. L'homme grommela et fit demi-tour.

Il était temps de partir, l'alerte avait été chaude. Le chauffeur du camion allait revenir avec son ami pour charger le véhicule. Bilqis souleva la bâche, regarda à gauche puis à droite, et descendit de l'engin. Elle eut juste le temps de s'éclipser que déjà le chauffeur revenait s'installer dans sa cabine pour manœuvrer son camion et en permettre le chargement.

La nuit tombait. La fraîcheur s'installait, les ruelles se vidaient et quelques rares lumières étaient allumées dans les maisons et les boutiques encore ouvertes. Sans se faire remarquer, marchant le long des murs, elle tenta de se repérer. Elle entendit le bruit d'un cours d'eau et s'en approcha. Dans l'obscurité naissante, elle aperçut un pont et descendit sur la berge de la rivière. Elle s'avança vers l'arche, tâta le mur et le sol de ses mains et jugea l'endroit discret et propice pour la nuit. Fourbue, elle s'allongea sur le sol, sa toile de jute lui servant d'oreiller. Elle s'endormit malgré le froid qui l'envahissait.

CHAPITRE 7

Shokat Khânoum

— *Biâyid*, venez vite !

Un cri de femme retentit au bord du Hariroud.

— *Zoud kone*, dépêchez-vous !

Le tchadri relevé, les pieds pataugeant dans l'eau, elle gesticulait en direction d'autres femmes qui lavaient leur linge dans le courant. Deux, trois, puis dix personnes approchèrent, silencieusement, intriguées par une forme qui gisait à même le sol.

— Elle est morte ?

— Je ne sais pas.

— Va voir, touche-la.

— Dieu m'en préserve, je n'oserai jamais !

— Il faut faire quelque chose, on ne va tout de même pas la laisser là !

— Regarde ses pieds et ses mains, ils sont tout bleus !

Une femme plus âgée que les autres s'approcha du corps.

— Laissez-moi faire... Allez, reculez !

Elle s'agenouilla devant la forme allongée et avança son visage.

— Mais, qu'est-ce que tu fais ?

— Silence ! J'écoute...

La vieille scruta le visage de l'inconnue, regarda attentivement ses narines, ses lèvres et dit :

— Elle respire, elle respire faiblement.

— Mais, qui est-ce ?

— Quelqu'un parmi vous l'a-t-il déjà vue ?

— Non, je ne la connais pas...

— Moi non plus.

— Ce visage ne m'est pas familier...

— Il faut l'emmener d'ici. Avez-vous un drap pour qu'on l'y installe ? Elle sera plus facile à porter.

Quatre femmes remontèrent la berge avec le corps de l'inconnue endormie. Personne ne les remarqua : les hommes étaient aux champs ou dans leurs boutiques, les enfants à l'école et les vieillards au *tchâi khâneh*.

Le corps fut déposé chez Shokat, la doyenne du groupe.

— Posez-la sur la paillasse, *yavâsh*, doucement...

— Je peux reprendre mon drap ?

— Reprends-le.

La maîtresse de maison fit bouillir la marmite, y trempa un linge et l'appliqua sur les pieds de Bilqis avec d'infinies précautions. Elle répéta ses gestes plusieurs fois ; les jambes, les mains, les bras, le front, les joues. Les couleurs revenaient progressivement.

Enfin, elle ouvrit les yeux. Deux grosses larmes s'en échappèrent.

— Comment t'appelles-tu, mon enfant ?

Bilqis tenta de bouger ses lèvres, d'entrouvrir sa bouche, mais aucun son n'en sortit.

— Dis-moi comment tu t'appelles. Je m'appelle Shokat.

Un murmure finalement se fit entendre :

— B... B... Bil... Bilqis.

— Tu as dit Bilqis ?

La jeune fille acquiesça.

— Et d'où viens-tu, Bilqis ? Tu as compris ma question ?

La jeune fille acquiesça à nouveau, ouvrit puis referma les yeux. Elle était épuisée. A une voisine qui était venue l'assister, Shokat dit :

— Va préparer le thé.

La vieille dame s'était installée sur son tapis, s'appuyant contre le mur de la chambre. Elle avait mis deux coussins sous la tête de Bilqis et lui avait ôté son foulard. Tous ses vêtements étaient mouillés et il fallait les changer au plus vite.

— Apporte-moi deux couvertures et aide-moi à la déshabiller. Elle tremble.

Une demi-heure plus tard enfin, Bilqis put commencer à raconter, non sans mal, son aventure aux deux femmes attentives :

— Je dois avoir quinze ou seize ans, je ne sais pas au juste.

— D'où viens-tu ? As-tu de la famille ?

— Je viens de Garm-Ab, c'est très loin, dans la montagne. J'en suis partie il y a bien des années... Mon père est mort, ma mère est... également morte. Je ne sais pas où sont mes frères et mes sœurs.

— Et pourquoi as-tu quitté ton village ?

— C'était vers *now rouz*, il y a plusieurs années. Un homme est venu me chercher pour que je travaille en ville chez un commerçant.

— Et c'était où ?

— Peut-être... Oui, c'était à... Châhârbâgh, quelque chose comme ça.

— Tu veux dire Chaghchârân ?

— Oui. A moins que ce ne soit Alla... Allah...

— Alandâr ?

— C'est ça, Alandâr.

— Que s'est-il passé à Alandâr ?

Bilqis but une gorgée de thé chaud, se redressa un peu pour s'appuyer elle aussi contre le mur et poursuivit :

— Le *sâheb* me frappait, il n'était jamais content. Les deux autres filles qui travaillaient pour lui n'étaient jamais insultées ni frappées, elles, mais moi, tout le temps !

— Pourquoi te frappait-il ?

— Peut-être parce que j'étais la plus jeune, peut-être parce que j'étais la dernière arrivée, peut-être... je ne sais pas...

— Tu es restée longtemps chez lui ?

— Au moins deux *now rouz*, peut-être trois.

Bilqis ne voulait pas parler de Hamid, encore moins de Homa Khânoum. Elle ne voulait pas non plus parler de son agression par les Shoravis.

— Et comment as-tu fait pour partir ?

— Avant-hier, j'ai pris la décision de partir. Après de nouvelles insultes, après de nouveaux coups au visage et sur la tête, j'ai soudain décidé de m'enfuir, je n'ai pas réfléchi. Je me suis levée en pleine nuit et je me suis faufilée dehors sans que personne ne m'entende. J'ai attendu en me cachant sur place et au bout d'une heure, je crois, un camion est arrivé. Un homme en a déchargé des caisses et des cartons et pendant qu'il avait le dos tourné, je suis montée à l'arrière.

— Et ensuite ?

— Nous avons roulé toute la nuit. L'homme s'est arrêté de nombreuses fois, il a déchargé toute sa cargaison et hier, je suis arrivée ici. Je ne sais pas où je suis. Je suis descendue de la camionnette sans être vue et je me suis cachée. Puis, j'ai marché jusqu'au bord de la rivière où je me suis installée, sur une grande pierre.

— Tu n'as pas eu froid, au bord de l'eau ?

— Au début, oui, mais je me suis vite endormie. Je n'ai plus senti le froid... Après, je ne me souviens plus.

— Ici, tu es à Kamanj. Si tu le veux, tu peux rester quelque temps chez moi. Je suis veuve et mes grands enfants sont partis. Deux de mes fils sont morts à la guerre et le troisième est prisonnier quelque part dans le Nord. Mes deux filles sont mariées et habitent dans des villages des environs. Je suis donc toute seule et tu pourras avoir ta chambre. A moins que tu ne préfères partir ?

— Je ne sais pas où aller... Je vous remercie.

Bilqis prit la main de l'aînée et la baisa.

— Je ne resterai pas longtemps, je ne vous dérangerai pas... Je me ferai toute petite.

— Ne dis pas de bêtises, tu m'aideras. Sais-tu cuisiner ?

— Je sais faire cuire le riz.

— Tu le laves longtemps ?

— Je le lave trois ou quatre fois.

— Il faudra le laver plus longtemps afin que tout l'amidon s'en aille. Au moins six ou sept fois, je te montrerai.

— Je sais faire aussi le *borâni*, avec de la citronnelle, le *kâboli* avec des jarrets, le *dopiâz* avec des pois cassés, et aussi le *morgh khebâb* avec du poulet, et les *dolma* aux choux-fleurs.

— Et quoi d'autre encore ?

— Je prépare les tomates, les pommes de terre, la salade, je sais aussi mélanger l'huile ou le vinaigre avec des herbes pour que ce soit meilleur. Je sais, je sais... Ah oui ! Je sais faire aussi le sirop de rose et le yaourt, le *badrang* avec du concombre, du raisin sec, de la menthe, des noix...

— C'est bien, je pense que tu es une excellente cuisinière. Sais-tu faire le *shorwân*, le *tchopân* et le *kouftâ tchélo* ?

— Je ne sais pas ce que c'est.

— Eh bien, je t'apprendrai. Je t'apprendrai aussi à faire du *koukou*, du *mâhi* et du pain. Tu sais faire du pain ?

— Non, chez nous à la montagne, c'était Javâd qui faisait le pain. C'était un homme.

— Chez nous, tout le monde sait faire le pain. Tu verras, c'est facile.

Bilqis reprenait lentement des forces.

— Repose-toi maintenant et tâche de dormir un peu. Je vais sortir avec mon amie, nous allons faire des courses. Ne bouge pas d'ici avant mon retour. Nous allons faire un bon dîner ce soir mais avant, tu dois reprendre des forces, tu es encore toute pâle et tes pieds sont encore froids. Reste bien au chaud sous la couverture et si on frappe à la porte, surtout n'ouvre pas. Personne n'entrera car je fermerai la porte à clé en sortant. Si tu as besoin d'aller te laver, tu sors dans le jardin à droite. Tu verras, il y a une petite porte et, derrière, il y a un robinet et un *arrosoir*.

Quand les deux femmes revinrent, Bilqis dormait toujours. Elles ramenaient avec elles des fruits, des légumes, des boîtes et des bouteilles. Elles déposèrent leur chargement sans faire de bruit dans la cuisine, allumèrent le four à bois et mirent une marmite sur le poêle. Une heure plus tard, un léger fumet parcourait la maison. Shokat alluma une cigarette. C'était son plaisir : chaque soir, à l'heure du dîner, elle tirait sur une cigarette et parfois, le vendredi, sur une seconde, au bord de l'eau.

Shokat vivait toute la journée en compagnie d'autres veuves ; elles lavaient leur linge ensemble, faisaient leurs courses quand les maraîchers apportaient des produits, travaillaient ensemble le lopin de terre de chacune. Elles se réunissaient chez l'une ou l'autre pour broder, tisser, tricoter. Elles avaient entre quarante et soixante ans et jouissaient de l'estime des hommes et des autres femmes car elles étaient courageuses, restaient dignes et avaient du bon sens. Elles n'avaient plus le droit de se marier à nouveau, la coutume l'interdisait. On reconnaissait ces veuves de loin, toujours de noir vêtues, marchant sans enfant, sans homme, rasant les murs et ne parlant à personne. Seule Shokat parlait au maire quand il y avait un problème ou une supplique à lui présenter. Elles étaient une vingtaine de veuves, sillonnant la rue principale du bourg tels des corbeaux cherchant leur nourriture. Une fois par an environ, une nouvelle veuve se joignait à elles. La nouvelle venue, sauf si elle était trop âgée, devait suivre un rituel : faire un présent aux femmes du clan, les nourrir pendant une semaine, laver et repasser leur linge, nettoyer leur intérieur et si toutes étaient satisfaites, elle était accueillie avec considération.

L'odeur qui flottait dans l'air réveilla Bilqis qui se leva sur sa couche. Elle constata soudain qu'elle était nue, enroulée dans une couverture. Elle eut honte et se rassit. Quand Shokat la vit, elle sourit :

— Je crois que tes vêtements sont secs. Ils

étaient tout mouillés et j'ai eu peur que tu ne prennes froid. Attends, je vais les chercher.

Quand la jeune fille apparut à la cuisine, les deux anciennes applaudirent :

— *Afarine*, bravo ! Bienvenue parmi nous !

Bilqis s'approcha de Shokat et lui baisa à nouveau les mains.

— Je t'ai demandé de ne plus me baiser les mains comme ça.

— Je veux vous montrer ce que je ressens pour vous, pour vous deux et pour vous toutes qui m'avez transportée jusqu'ici. Sans vous... sans vous... Où serais-je à l'heure qu'il est ?

Shokat regarda son amie qui préparait la salade.

— Ne dis donc pas de bêtises. Si nous ne t'avions pas ramenée, quelqu'un d'autre l'aurait fait à notre place. Tu es trop jeune, tellement jeune... A ton âge, j'étais déjà mariée et mère de famille ! Ce n'est pas la meilleure chose que j'aie faite ; j'étais inexpérimentée. On m'a donnée au fils du voisin, un brave garçon mais pas très dégourdi, un peu paresseux et sale. Tout de suite, nous avons eu un fils, j'avais à peine quatorze ans. Crois-moi, attends encore un peu. Le moment venu, tu trouveras un homme et comme tu n'as plus de parents, choisis-le toi-même et surtout prends ton temps car un homme, c'est pour la vie...

Bilqis devint songeuse : se marier ? Mais elle ne pouvait y songer, vu sa situation. C'était impossible puisqu'elle était devenue une paria...

Durant trois jours, la rescapée fit de son mieux pour montrer sa reconnaissance à Shokat Khânoum. Sans qu'il soit nécessaire de le lui demander, elle lava le sol, secoua les tapis, aspergea la cour, fit la vaisselle, porta le linge au bord de la rivière pour le laver avec les autres veuves, ramena le lourd panier... et ainsi de suite, tout ce qu'elle avait toujours fait. Mais cette fois, elle le faisait avec plaisir. Plus de coups, plus d'insultes ni de privations. Shokat lui dit même :

— Arrête-toi quelques instants, viens boire le thé avec nous, repose-toi un peu...

— J'arrive, Shokat Khânoum, j'ai presque terminé.

Au quatrième jour, la vieille femme dit à sa protégée :

— Tu sais que j'ai peu de moyens, je ne touche aucune pension et je vis chichement. Nourrir une bouche de plus représente pour moi un grand effort. Nous nous sommes consultées entre nous et nous t'avons trouvé une place de domestique et cuisinière chez la sœur d'une de nos amies. Son mari a un *tchâi khâneh*, un magasin, et il loue des chambres aux voyageurs de passage. Tu verras, c'est très bien. Il te paiera chaque mois et tu pourras continuer à habiter chez moi. Tu dormiras et tu dîneras chez moi. Mais de huit heures du matin à huit heures du soir, tu travailleras là-bas et tu me verseras la moitié de ton salaire. Qu'en penses-tu ?

Bilqis mit un certain temps à répondre. Cette séparation lui coûtait.

— Je trouve que c'est très bien et puis, chaque soir, je pourrai vous retrouver.

— Aujourd'hui, c'est *shabé djomeh*, tu commences après-demain, samedi.

Comment faire autrement ? Bilqis savait qu'elle ne pourrait pas rester tout le temps chez Shokat sans l'aider financièrement. Elle n'avait jamais gagné de l'argent de sa vie, du moins, elle n'avait jamais été payée directement. Elle ne savait pas si sa mère avait reçu des mensualités quand elle travaillait à Alandâr. Elle ne savait pas non plus combien cet homme la paierait ni combien elle donnerait à Shokat. Qui était cet homme ?

— C'est Lotfali. On ira le voir demain. Je connais surtout sa femme et sa belle-sœur. Nous, on ne va jamais chez lui, son établissement est surtout destiné aux hommes. Il viendra chez la sœur de sa femme et vous pourrez parler ensemble. Il a besoin d'une aide en cuisine. Il y a des ouvriers qui travaillent sur un chantier, et le midi, ils viennent manger chez lui. Il est débordé et a besoin d'aide.

Bilqis dormit mal cette nuit-là. Elle ne se voyait pas en train de travailler tous les jours au milieu de dizaines d'hommes à nourrir. La foule lui avait toujours fait peur. Au village déjà, aux mariages ou à la fête nationale, elle se tenait constamment à l'écart, évitant les bousculades et le bruit. Pour *now rouz*, elle préférait se contenter de la cérémonie qui avait lieu à la maison, avec ses frères et sœurs, l'installation du repas et l'échange des modestes cadeaux. Mais elle n'aimait pas les manifestations bruyantes au-dehors, les sauts sur le feu pour conjurer le mauvais sort, les clowns citadins qui montraient leurs ours, leurs singes et leurs chèvres savantes et qui rassemblaient beaucoup de monde autour d'eux. Elle préférait s'asseoir sur un banc avec son amie Djamileh et regarder de loin les animaux et les saltimbanques.

Lotfali était grand et mince, environ la quarantaine. Il portait une barbe et une moustache et avait une cicatrice sur la partie gauche de son visage. Vêtu à l'afghane avec un large pantalon bouffant et une chemise, il faisait tourner un moulin à prières entre ses doigts agiles. Sa femme et sa belle-sœur se partageaient un fauteuil, lui se tenait assis sur une chaise en bois. Shokat et Bilqis étaient installées à même le sol, sur des coussins aux couleurs chatoyantes.

La maîtresse de maison servit le thé et quelques friandises. On parla de tout et de rien, puis Lotfali questionna :

— On m'a dit que tu as quinze ou seize ans, que tu es orpheline et que tu fais bien la cuisine. As-tu déjà travaillé ?

— Oui, j'ai travaillé à Alandâr, chez un patron. Mais j'ai dû le quitter.

— Pourquoi l'as-tu quitté ?

— Parce qu'il me frappait tout le temps, matin et soir.

— Tu travaillais mal ?

Bilqis ne répondit pas.

— Quel était ton travail ?

— Je lavais les sols, le linge, je nettoyais les chambres, la cuisine, le magasin, parfois je repassais...

— Et la cuisine, où l'as-tu apprise ?

— Avec ma mère, quand j'étais au village.

— C'était quand ?

— Il y a trois ans peut-être.

— Tu devais être bien petite...

— J'ai toujours aimé faire la cuisine pour

mes frères et sœurs et j'aime aider Shokat Khânoum.

— C'est vrai, interrompit la vieille dame. Cette petite est douée en cuisine et le peu que j'en ai vu m'a semblé très bien.

L'homme reprit :

— Je pense qu'on te l'a dit : à midi, il y a vingt à trente hommes qui viennent se restaurer chez moi. Ils travaillent pour une société étrangère qui élargit la route et construit un pont. Ils ont moins d'une heure pour se nourrir et il faut que ça aille très vite ! Riz, brochettes, légumes, boissons fraîches, fruits... Certains jours, quand ils ne pourront pas venir, il faudra leur porter leur repas sur le chantier. Tu viendras avec moi, dans la camionnette. Ça te va comme ça ?

— Oui, *sâheb*, ça me va.

— Ensuite, tu devras faire la vaisselle, nettoyer la salle et tout ranger. Cela te prendra une heure, pendant que je ferai ma sieste. Puis, quand tous les clients seront partis, en fin d'après-midi, tu retourneras chez toi.

On resservit du thé, on parla du temps et de la pluie qui se faisait attendre.

— J'allais oublier ! Tu recevras chaque mois une petite somme d'argent. J'en parlerai encore avec Shokat Khânoum. C'est elle qui gardera ton argent, c'est mieux ainsi, je crois. As-tu quelque chose à dire ?

Non, Bilqis n'avait rien à dire. Tout ce qu'elle voulait, c'était pouvoir rentrer chez la vieille dame tous les soirs.

— Je t'attends samedi matin à sept heures. Tu sais où est mon *tchâi khâneh* ?

— Oui, il est peint en vert et rouge. Il est à côté du barbier. Je suis passée devant en venant ici.

— Une dernière chose : sais-tu lire et écrire ?

— Un peu, j'ai appris à Alandâr.

— Un peu ? C'est oui ou c'est non ?

Bilqis baissa la tête et ne répondit pas.

— Sais-tu compter ? Connais-tu la valeur de l'argent ?

— Oui, je sais compter et je connais la valeur de l'argent. Mais je n'en ai jamais eu à moi.

C'est Shokat qui conduisit sa petite protégée chez Lotfali, le samedi matin. Elles furent accueillies par la femme de l'aubergiste :

— Mon mari est parti se fournir en viandes et en boissons. Il sera de retour dans une demi-heure. Voulez-vous l'attendre ?

— Non, je reviendrai dans la journée pour voir si tout se passe bien.

La journée se déroula comme Bilqis l'avait prévu : elle lava la salle qui servait de lieu de repas, installant les coussins à même le sol, disposant les bouteilles d'eau minérale ou de jus de fruits en cercle autour de l'endroit où serait déposée la grande marmite contenant le riz que les ouvriers mangeraient à la main. Chaque jour, dix kilos de riz étaient lavés et relavés, essorés puis encore lavés. C'était Lotfali qui allumait le four avec des bûches de bois qu'il entreposait dans un petit réduit moisi et sans fenêtre. Parfois le four était alimenté avec du charbon, quand le marchand ambulant en apportait. Sinon, quand le combustible manquait, le *sâheb* expédiait ses deux fils chercher des branches mortes, des meubles de rebut, des papiers et des cartons...

Le repas de midi était un moment de grande excitation et d'intense nervosité : chaque jour, un camion amenait au bourg une vingtaine d'ouvriers, sinon plus, couverts de poussière et dégageant de fortes odeurs de transpiration. Ils s'installaient en cercle, les jambes en tailleur, autour d'une marmite d'un mètre cinquante de circonférence, de laquelle s'échappait une fumée appétissante. Un riz croustillant, tantôt mélangé avec de la viande de bœuf, tantôt avec de l'agneau ou du poulet, souvent avec des légumes, était attrapé par une vingtaine de mains plus ou moins propres, dans un silence quasi religieux. Chaque client avait devant lui un pain, large galette plate et odorante, qui servait tout à la fois d'assiette, de cuillère et de serviette pour s'essuyer la bouche et les mains. Personne ne parlait, le repas était un moment solennel et, pour certains d'entre eux, il s'agissait même du seul repas de la journée.

Quand Shokat revint comme prévu dans le courant de l'après-midi, Bilqis était dans la cuisine en train de ranger les verres qu'elle venait de laver.

— Ça va, mon enfant ?

La jeune fille sursauta :

— Ça va, j'ai fini la vaisselle et le rangement de la pièce d'à côté. J'ai presque terminé.

— Je vais t'aider.

— Shokat Khânoum, n'en faites rien. Je vais me faire gronder...

— Personne ne te grondera. J'ai bien le droit de t'aider, non ?

Quand tout fut fini, la vieille dame s'assit un instant.

— Viens t'asseoir près de moi.

— Je n'ai pas le droit de m'asseoir pendant mon service.

— Quelques instants seulement. Lotfali ne va pas te gronder pour si peu de chose... Alors, comment s'est passée ta première journée ?

— Très bien, Shokat Khânoum. Seulement, à midi, j'ai trouvé ça difficile.

— Pourquoi difficile ? A cause de tous ces hommes ?

— C'est ça. Ils m'appelaient de toutes parts et je devais faire vite : ils voulaient plus de pain, encore de l'eau, il fallait réchauffer le riz... Puis, soudain, ils sont repartis et le silence est revenu.

— Tu es fatiguée ?

— Oui, un peu, mais ça passera.

— Je t'attends pour le *nân shab*. Ne rentre pas trop tard.

Quand le patron eut terminé son repos, il appela sa nouvelle domestique :

— Bilqis ! *Biâ ! Zoud kone*, fais vite !

— Oui, *sâheb*.

— Le thé est prêt ? Sers-moi et portes-en à ma femme dans sa chambre.

— Tout de suite.

— Tu as cassé du sucre avec le petit marteau ?

— Pas encore, *sâheb*. Je viens seulement de terminer de tout ranger.

— Tu t'y mettras après nous avoir servis.

La nuit commençait à tomber quand Bilqis rentra chez Shokat. Cette première journée l'avait épuisée et elle n'avait pas très faim. Elle s'était copieusement nourrie à midi après les ouvriers et elle avait comme une boule sur l'estomac.

— J'ai ce qu'il te faut, attends.

Quand Shokat revint, Bilqis dormait déjà, sur un coussin. Elle ne la réveilla pas.

Vers minuit, un cauchemar secoua la petite maison :

— Non, non *sâheb* ! Je vous en prie, ne me frappez pas... Ne me frappez plus... Vous me faites mal...

La jeune fille était en sueur. Elle ouvrit les yeux, aperçut Shokat et ne comprit pas tout de suite où elle était.

— Tu as fait un cauchemar, ton patron te battait. Ce n'est pas Lotfali ?

— Mais qu'est-ce que je fais dans votre chambre ? Où suis-je ?

— Tu t'es endormie sans manger, hier soir. Je t'avais préparé une infusion à base de plantes mais tu t'es endormie. Je vais te la réchauffer. Puis tu iras dans ta chambre et tu dormiras. Je te réveillerai pour aller travailler. Dors en paix, tout va bien.

Au fil des semaines, puis des mois, Bilqis s'habitua à son nouvel environnement. Shokat était pour elle comme la grand-mère qu'elle n'avait jamais eue, le patron était aimable avec elle et le travail ne la rebutait pas. Pour la première fois de sa courte existence, elle avait l'estime de tous, on lui souriait, on lui demandait des nouvelles de sa santé, et certains garçons recherchaient même sa compagnie en l'aidant à porter le linge mouillé depuis la rivière jusqu'à la maison, ou des cageots apparemment trop lourds pour ses frêles épaules. Elle connaissait maintenant la plupart des habitants de Kamanj et eut même droit à une charmante fête d'anniversaire le jour présumé de ses seize ans.

— Nous avons choisi le jour où nous t'avons trouvée, le 26 shahrivar [1]. Qu'en penses-tu ? Et nous avons toutes décidé que tu as seize ans aujourd'hui.

— Seize ans, cela fait beaucoup !

— Non, tu es encore toute jeune. Mais seize ans, ça fait beaucoup pour une belle fille comme toi et il faudra bientôt songer à te marier...

La rougeur lui monta aux joues et elle baissa le regard :

1. 17 septembre.

— Ne sois pas si timide... Nous en reparlerons un autre jour. Aujourd'hui, c'est le jour de ton anniversaire et on s'est toutes réunies pour te faire un cadeau. Vas-y, ouvre la boîte !

Les mains tremblantes, la démarche hésitante, Bilqis se leva et prit un grand carton qui avait été déposé au milieu de la pièce, sur le tapis.

— Allez, encore un petit effort...

Elle tenait le paquet à bout de bras, ne sachant qu'en faire.

— Pose-le devant toi et ouvre-le.

Avec d'infinies précautions, comme si elle avait contenu des œufs ou du verre, Bilqis déposa la volumineuse boîte sur le sol et en souleva le couvercle. Un petit cri lui échappa :

— *Khodâ ya*, mon Dieu !

Elle n'en crut pas ses yeux : devant elle apparurent une chemise à fleurs, un pantalon bleu en cotonnade et un voile vert et bleu avec des arabesques imprimées.

— Je n'ai jamais rien vu de plus beau.

Elle tomba en larmes dans les bras de Shokat qui eut bien du mal à calmer la jeune fille vaincue par l'émotion.

— Je... je... je ne mérite pas tout ça... Pourquoi ?

— Parce qu'on t'aime et qu'on t'apprécie. Pendant tous ces mois, tu nous as donné de ton temps et tu nous as apporté du bonheur. Tu as été une bonne domestique chez Lotfali, tu es une élève assidue à la petite école pour bien apprendre à lire et à écrire, tu nous aides à la maison, à la rivière, aux champs... Ton sourire est revenu, tu nous as communiqué ta joie de vivre et pour nous, c'est en quelque sorte notre manière de te remercier.

— Mais, où avez-vous trouvé des tissus aussi beaux, où avez-vous acheté ces merveilles ?

— On n'a rien acheté, nous avions toutes dans nos affaires des lots de tissus qui dormaient depuis des années. Nous nous sommes réunies il y a un mois environ et nous nous sommes montré ce que nous possédions. Nous avons alors choisi les coloris et pendant que tu travaillais à l'auberge, nous avons confectionné ces pièces de vêtements. Tu n'en possédais pas pour tes jours de repos, les fêtes et les anniversaires. Ça te changera de tes vêtements de travail que tu mets tous les jours...

— Tiens, dit une femme, voici une paire de *chaplak* pour tes pieds. Tu vois, ils sont verts aussi.

— Et voici un mouchoir, dit une autre.

Bilqis ne sut plus où donner de la tête. Jamais elle n'avait eu de présents, mis à part les friandises et les biscuits offerts à l'occasion du *now rouz*. Jamais, on ne l'avait honorée, remerciée, acceptée en quelque sorte.

Et elle reçut encore un peigne, un miroir, un savon, un petit flacon d'eau parfumée, deux cahiers, des crayons de couleur, un livre d'images et quelques sucreries.

— Comment pourrais-je vous rembourser de tout cela ? Comment pourrais-je vous remercier ?

— En restant la même, dit Shokat, en restant comme tu es, simple, aimable, souriante, dévouée, rien d'autre.

Puis, tout le monde but du thé, l'aînée alluma sa cigarette quotidienne, on mangea des gâteaux et, le soir venu, chacun rentra chez soi.

— Va porter tout ça dans ta chambre. Tout est à toi, personne n'a le droit d'y toucher.

Les deux femmes parlèrent jusque tard dans la nuit et, une fois encore, la vieille dame rappela à sa protégée :

— Comme je te l'ai dit ce matin, il faudra bientôt songer à fonder une famille. Tu es une femme maintenant.

— Mais je ne veux pas vous quitter !

— Qui parle de me quitter ? Tu auras ta maison à côté de la mienne, nous nous verrons tous les jours. Mais au lieu d'aller chez Lotfali, tu travailleras pour ton mari en tenant bien ta maison et en élevant vos enfants.

Cette idée de mariage angoissait la jeune fille. Personne ici ne savait ce qui lui était arrivé il y avait bien des années au bord de la rivière. Personne ne savait non plus pour Hamid. Elle avait tenté de l'oublier en l'enfouissant au plus profond d'elle-même, mais elle ne pouvait s'empêcher d'avoir peur quand elle croisait des voyageurs qui déambulaient dans la rue principale. Elle se cachait alors derrière son voile pour ne pas être reconnue.

Si elle se mariait, tout serait découvert. La honte rejaillirait non seulement sur elle mais sur Shokat qu'elle appréciait tant, sur ces veuves qui venaient de la fêter, sur le bourg tout entier et sur l'élu qui ne méritait pas un tel affront.

— Nous en reparlerons un autre jour. Mais j'y pense depuis quelque temps et avec mes amies, notre choix s'est arrêté sur un gentil garçon de vingt-deux ans. Je ne te dis pas qui c'est mais nous le connaissons et nous l'apprécions tous. Tu seras très surprise. Peut-être même le connais-tu déjà... Je ne t'en dis pas plus pour le moment.

Il ne fut plus question de fiançailles durant tout l'hiver suivant au cours duquel le village se retrouva coupé du monde à la suite d'une avalanche de neige et de terre qui s'était décrochée de la montagne, emportant avec elle quelques hommes du chantier, et coupant la route pendant de longues semaines. Le Hariroud aussi avait débordé car les tonnes de terre déversées avaient formé un barrage, empêchant l'eau de s'écouler vers l'ouest. Des champs furent inondés, des maisons aussi. D'énormes engins parvinrent finalement à percer ce mur de terre, de pierres et de glace et, au bout d'un mois, la circulation fut rétablie et la vie reprit son cours normal. Pendant tout ce temps, il y avait eu pénurie d'aliments et de pétrole et on avait dû se serrer la ceinture. Les ouvriers du chantier ne vinrent plus manger, bloqués de l'autre côté de l'avalanche. Bilqis eut moins de travail.

— Shokat Khânoum, il y a là le *shahrwâli* qui vous demande.

La vieille dame était dans son jardin et déblayait la dernière neige qui n'avait pas encore fondu. Quand elle apparut, elle reconnut Gholam Rassoul, le maire.

— *Salâm al leikoum.*

— *Salâm.*

— Que Dieu soit avec vous.

— Et avec vous, Shokat Khânoum.

Bilqis vaquait à la cuisine.

— Va nous acheter des cigarettes et va voir si Lotfali n'a pas besoin de toi aujourd'hui. Prends ton temps.

— Alors, Gholam Rassoul, où en est notre affaire ?

L'homme avait la soixantaine et avait mis une vieille veste pour faire sa visite. Il portait une barbe de six jours environ et avait enfilé des bottes car la neige n'avait pas été enlevée dans la rue principale. Il égrenait son *tasbi* entre ses doigts. Il but bruyamment le thé que lui avait servi la vieille dame en glissant d'abord un morceau de sucre dans sa bouche avant de verser par petites rasades le contenu de son verre dans la sous-tasse et d'aspirer le liquide chaud.

— Mon fils Gholam Ali arrivera de Herat le mois prochain. Il a terminé son apprentissage de mécanicien dans un garage de la ville et il compte en ouvrir un ici.

— C'est un brave garçon, très bien élevé, et je suis sûre qu'il fera un excellent mari.

— Il amènera avec lui un *shâguerd* qui l'assistera dans son travail. Nous manquons de garage dans la région et je suis certain qu'il fait une bonne affaire.

— *Inch Allah !*

— *Inch Allah*...

— Et où allez-vous l'installer ?

— Dans un entrepôt que je possède à la sortie du bourg. Nous pensons qu'il pourra y commencer son travail dès le mois prochain. D'ici à dix jours, les deux jeunes gens pourraient être présentés l'un à l'autre. On fera une petite cérémonie, puis le *nékâh* pour les fiancer officiellement et l'union pourra être enregistrée dans ma mairie avant la fin du printemps. Qu'en pensez-vous, Shokat Khânoum ?

— Je pense que c'est très bien. J'en parlerai à Bilqis ce soir et, comme je la connais, cela ne posera aucun problème. C'est une gentille enfant, très obéissante.

Tandis qu'elle préparait le repas du soir, Shokat appela la jeune fille auprès d'elle :

— Tu as vu l'homme qui est venu me voir cet après-midi ?

— Oui, je l'ai vu.

— Tu sais qui c'est ?

— C'est le *shahr wâli*, Gholam Rassoul Khan.

— C'est exact. Tu sais pourquoi il était là ?

— Non.

— Il est venu me parler de son fils, Gholam Ali, qui est à Herat et qui va revenir parmi nous dans quelques semaines. C'est à lui que nous avons pensé pour en faire ton époux. C'est un garçon sérieux, travailleur, qui va ouvrir un garage.

Bilqis ne dit rien. Elle savait désormais que ses jours étaient comptés à Kamanj. Elle savait qu'elle quitterait bientôt cette petite ville où elle avait été si chaleureusement accueillie, qu'elle ferait de la peine à Shokat et à ses amies. Une nouvelle fois, elle devrait fuir vers l'inconnu, vers un destin incertain.

CHAPITRE 8

Herat

L'automobile hors d'âge pénétra dans Kamanj en fin d'après-midi. Personne n'y prêta attention. Couverte de poussière, cabossée et surchargée de ballots sur le toit, elle s'arrêta devant la mairie. Un jeune homme d'une vingtaine d'années en descendit, suivi par un homme d'âge mûr, courbé en deux. Tous deux semblaient fatigués et marchaient à pas lents. Ils pénétrèrent dans la bâtisse. Le plus jeune se dirigea vers l'une des deux seules pièces du lieu. Gholam Rassoul y recevait deux visiteurs. Il se leva et serra affectueusement son fils contre lui.

— *Khosh âmadid.*

— Je vous salue, mon père. Je suis heureux de vous retrouver.

Les deux personnes se levèrent à leur tour et prirent congé de l'édile.

— Quand as-tu quitté Herat ?

— Tôt ce matin. J'ai eu un souci mécanique en cours de route et j'ai dû faire une réparation au garage de Gonâbâd, chez un ami.

— Tu es venu avec une voiture ?

— Oui, père, je suis venu en voiture, avec ma voiture !

— Tu as une voiture ?

— Oui. Je l'ai achetée il y a un certain temps et j'y ai fait toutes les réparations et transformations nécessaires. Elle est très ancienne mais elle fonctionne bien. Je suis d'ailleurs venu avec mon *shâguerd* ; il attend derrière la porte.

— Fais-le entrer, ne le laisse pas dehors.

L'homme entra et se courba un peu plus.

— Comment t'appelles-tu ?

— Karim, on m'appelle Karim.

Le thé fut servi et toutes les audiences de la fin de la journée furent annulées.

— Ça fait longtemps qu'on ne s'est vus. Dans quelques jours, cela fera un an...

— Oui, je me souviens, tu étais là pour le *now rouz* dernier. Ta mère va être heureuse de te revoir. Ici, tout le monde va bien, *al hamdol Allah*.

— Grâce à Dieu.

Puis, l'assistant mécanicien fut prié de quitter la pièce et d'attendre dans l'autre salle.

— Le grand jour approche, comment te sens-tu, mon fils ?

— Très bien, père, je suis venu écouter vos conseils.

Les deux hommes s'entretinrent pendant une demi-heure. Gholam Ali apprit tout sur sa promise : son âge, la couleur de ses yeux, sa très grande beauté, son assiduité en classe, son sérieux dans son travail, la mort de ses parents, ses talents culinaires...

— Nous avons aussi fixé le *mehr* avec Shokat Khânoum. Car bien que ne possédant rien, Bilqis a tenu à t'offrir une dot avec l'aide des femmes du village. Nous ferons de même également. Ta mère et tes sœurs t'aideront à installer ta maison. Elle fait partie de l'entrepôt que je mets à ta disposition et qui possède deux pièces sur l'arrière qui pourront facilement être aménagées. Ne te fais aucun souci, j'ai pensé à tout. En temps voulu, tout sera installé : matelas, tapis, lampes, four, poêle. Tout sera repeint et des femmes terminent en ce moment les rideaux pour les fenêtres.

La rumeur s'était répandue dans Kamanj : le fils aîné du maire est de retour. Une voisine se précipita chez Shokat.

— Ça y est ! Il est là !

— Qui est là ?

— Gholam Ali, le fils du *shahrwâli* !

Bilqis avait tout entendu. Elle préparait le dîner et laissa tomber son couteau. Son cœur se mit à battre très vite. L'homme qu'on lui avait choisi et qu'elle ne connaissait pas était en ville. Que faire ? Comment faire ?

— Tu as entendu, mon enfant ? Il est là. Je crois que les présentations se feront dans deux jours, chez le maire.

— Les présentations ?

— Oui, nous irons prendre le thé chez Gholam Rassoul Khan. Il n'y aura que les membres de sa famille et nous deux.

— Et que devrai-je faire ?

— Rien, absolument rien. Tu ne parleras pas car on ne te posera aucune question. Tu mettras tes plus beaux vêtements et ton visage sera caché. Personne ne te verra mais toi, tu verras tout le monde... et lui, surtout. Les grandes personnes parleront de votre *néka*, de la date de votre engagement officiel, puis de celle de votre mariage. Un mollah viendra de Chaghchârân pour vous bénir et tu pourras alors emménager avec ton mari.

— Vous avez fait la même chose quand vous vous êtes mariée ?

— Oui, c'était il y a très longtemps... plus de quarante années... Mais rien n'a changé, malgré le temps. Depuis toute petite, j'avais été réservée au second fils du *khân* de mon village. C'est une sorte de maire qui s'occupe de tout quand il y a un litige ou un problème de voisinage ; il s'occupe de l'eau, des divorces, du bétail, des naissances. Depuis tout petits, nous jouions ensemble, son fils et moi. Je suis allée à l'école, pas une vraie école comme aujourd'hui mais un maître venait tous les mois. Il allait de villages en bourgades par tous les temps, étés comme hivers. J'aidais Nézar dans son travail – c'était son nom – car il n'était pas très doué, je faisais ses devoirs. Un beau jour, il fut décidé que nous serions unis. Nos maigres terres se touchaient, un ruisseau les parcourait et ce fut ainsi qu'un litige qui durait depuis des années et des années fut réglé. Toutes les bêtes purent ainsi boire tranquillement à la même source, les femmes laver leur linge dans la même eau et puiser leurs seaux sans injures ni invectives. Eh oui, c'est encore comme ça aujourd'hui. Ainsi, une bonne union peut parfois régler des détails que le *shahr wâli* ou le juge ne parviennent pas à résoudre.

— Et quand il y a un divorce ?

– Entre-temps, il y a naissance d'enfants à qui les terres seront remises plus tard. Donc, chez nous, même en cas de divorce, nos biens ne peuvent pas être morcelés. La plupart de mes enfants sont restés au village, j'y vais de temps en temps, comme tu le sais. Mon mari était devenu charpentier à Kamanj et nous avons eu ici une bien meilleure vie qu'à la montagne... Ainsi va le monde... Quand il est mort, j'avais le choix entre retourner là-haut, parmi les miens, ou rester ici, parmi mes amies et mes habitudes. Je suis restée ici et nos chemins se sont croisés, par la grâce du Tout-Puissant.

— Et vos enfants ne vous manquent pas ?

— Chaque jour, chaque instant, ils me manquent et leurs enfants aussi. J'ai fait ce choix à contrecœur mais après toutes ces années de vie dans la plaine, où l'existence est moins dure, je ne me voyais pas retourner là-haut. Je n'y ai plus de maison et j'aurais dû habiter tantôt chez les uns, tantôt chez les autres, un peu comme une étrangère. Mon mari a été un bon mari et un honnête travailleur. Mes enfants n'ont manqué de rien et, les uns après les autres, ils sont retournés au village. Sauf mon aîné, il vivait à Kandahar où il était devenu chauffeur de camion, puis chauffeur militaire. Mais un jour, j'ai appris que lui et onze soldats ont sauté sur une mine vers Salang. Ils ont été projetés dans le précipice. On ne les a jamais remontés. Ils gisent au fond du ravin, comme des bêtes. C'est mon drame quotidien que de penser à ce fils qui n'aura pas de sépulture, ni lui, ni ses camarades...

Shokat passa le revers de sa main sur ses yeux et ajouta :

— Pourquoi parle-t-on de ça un jour où l'on devrait être heureuses ?

Bilqis s'avança vers la vieille dame, prit ses mains dans les siennes et, après l'avoir longuement regardée, les approcha de sa bouche et les baisa.

— Je vous aime, Shokat Khânoum. Je n'ai pas envie de vous quitter, jamais...

— Mais tu ne me quitteras jamais, je te l'ai déjà dit. N'aie pas peur...

Bilqis se blottit contre Shokat et la serra fort dans ses bras.

— *Na tars, na tars,* n'aie pas peur...

D'autres femmes vinrent ensuite pour commenter l'arrivée du fils du maire. Elles ne l'avaient pas vu mais une petite foule s'était amassée devant la maison du *shahrwâli* d'où l'on entendait le son d'un tambourin et d'un ney.

— Il faut que j'aille parler à Gholam Rassoul Khan. Je reviens tout de suite.

Bilqis resta seule, paniquée. Le dîner mijotait dans la marmite et elle fixait le four sans bouger, plongée dans ses réflexions. Si elle l'avait pu, elle se serait enfuie à l'instant même, sans regarder derrière elle. Mais pour aller où ? Tout le bourg était dans la rue !

— C'est confirmé, dit Shokat en rentrant chez elle. Nous irons faire notre visite dans deux jours. Nous nous ferons belles toutes les deux. Tu verras, tout se passera bien. Je resterai tout le temps auprès de toi.

La maison du maire était la plus importante de Kamanj. Elle avait un étage et une terrasse en guise de toit où, pendant les fortes chaleurs estivales, on pouvait dormir au milieu des draps qui séchaient au grand air. Shokat et Bilqis remontèrent la rue à petits pas, ne regardant pas les villageois qui les félicitaient au passage. La vieille dame avait mis son plus beau tchadri, celui qu'elle sortait d'une boîte pour les grandes occasions. Bilqis quant à elle avait revêtu celui qu'elle avait reçu en cadeau quelques semaines auparavant. Elle était l'objet de tous les regards et en était très gênée. La rue lui paraissait plus longue que d'habitude et elle trébucha sur une pierre. Enfin, elles arrivèrent devant la maison blanche et bleue.

Toutes les pièces avaient été éclairées. Elles furent accueillies par la maîtresse de maison et une de ses filles. A l'intérieur de la pièce principale étaient assis le maire, son fils à sa droite, et les autres enfants en retrait.

— Soyez les bienvenues sous mon toit.

Deux places avaient été réservées pour les deux arrivantes, parmi les femmes de la maison. Bilqis baissait la tête. Elle n'osait pas regarder son prétendant. Elle savait qu'elle n'était pas vue mais hésitait pourtant à lever son regard.

Le samovar fumait dans un coin. Des sucreries avaient été disposées sur le sol, ainsi que des fruits. Le silence fut enfin rompu par le maire :

— Vous savez tous les raisons de notre réunion ici. C'est un jour de joie. C'est un grand bonheur d'unir ces deux jeunes personnes, mon fils bien-aimé et Bilqis, que nous avons acceptée dans notre communauté et que nous aimons tous.

La jeune fille osa un regard. Tandis que le *shahrwâli* parlait, elle regarda pour la première fois Gholam Ali. Rasé de près, le visage fin et délicat, il portait une chemise blanche et un pantalon noir. Il paraissait grand. Il la fixait ardemment, tentant de deviner ce qu'elle lui cachait. Elle eut soudain honte et baissa son regard.

Au quatrième verre de thé, Shokat Khânoum se leva et prit congé, suivie comme son ombre par Bilqis. Elle s'inclina au passage devant le maire qui lui rendit son salut. La jeune fille ne regarda personne, surtout pas Gholam Ali qui se trouvait à un mètre d'elle. Son cœur battait fort. Le futur fiancé ne bougeait pas, pendant que sa mère et ses sœurs lui adressaient un sourire.

Une fois à la maison, Shokat questionna :

— Alors, tu l'as vu ?

— A peine, un peu...

— Comment ça, à peine, un peu ! Tu l'as vu ou tu ne l'as pas vu ?

— Je n'ai pas voulu trop le regarder... J'avais peur qu'il ne me voie...

— Comment voulais-tu qu'il te voie, tu avais le visage complètement caché ! Personne n'a même remarqué le très léger maquillage que j'ai mis sur tes lèvres et sur tes cils. Officiellement, je n'aurais pas dû le faire tant que tu n'es pas engagée...

Il y eut un bref silence puis l'aînée reprit :

— Tu le trouves comment ?

— Il est bien.

— Bien ? Ça veut dire quoi ? Tu veux dire que c'est un beau gars ?

— Je ne sais pas ce que ça veut dire, un beau gars, je n'ai jamais regardé les garçons.

— Enfin, il te plaît ? Il est bien coiffé, bien rasé, bien habillé... il te regardait tout le temps...

Nouveau silence.

— Tu ne me facilites pas la tâche ! Le *shahrwâli* a demandé que tu nous donnes ton avis. Que dois-je lui dire ? Il te plaît ou il ne te plaît pas ?

Bilqis fondit en larmes.

— Je ne veux pas vous quitter, Shokat Khânoum, vous le savez... Je ne veux pas quitter votre maison... C'est ma première maison, vous êtes comme ma mère autrefois, ne me privez pas de tout ça, je ne le supporterais pas...

— Mon enfant, c'est un bonheur de t'avoir ici et ma porte te sera toujours ouverte. Mais c'est aussi un honneur d'avoir été choisie par notre maire. D'autres filles que je connais auraient bien voulu être à ta place, sois-en certaine. Tu vas entrer dans une honorable famille et tu sais combien Narguess, l'épouse du maire, t'apprécie et t'aime. Tu sais aussi que Zarmineh, sa fille, est une bonne amie à toi. De quoi as-tu peur ? Elles ne sont pas des inconnues pour toi.

Le lendemain soir, la date des fiançailles fut fixée. Dans dix jours, il y aurait une belle fête au bourg et des convives viendraient des environs.

— Je vais aller dans mon village pendant quelques jours car il est important que des membres de ma famille participent à cette cérémonie. Dans deux jours, je vais partir et je reviendrai avec deux de mes filles, certainement les deux aînées Fahimeh et Bara. Ainsi, tu les connaîtras et je ne doute pas que vous sympathiserez. Peut-être viendront-elles avec un ou deux de leurs enfants.

Bilqis entendait Shokat parler mais elle ne l'écoutait pas. Tout cela devenait irréel pour elle. Tout allait trop vite. Maintenant, cela ne faisait plus aucun doute dans son esprit : elle devait partir au plus vite, avant qu'il ne soit trop tard. Cette absence de la vieille dame tombait à point.

— Tu as entendu ce que je viens de te dire ?

— Oui, j'ai entendu.

— Qu'est-ce que je viens de te dire ?

— Que vous allez au village, et puis...

— Et puis quoi ?

— Je ne sais plus, pardonnez-moi.

— Et avant ça, qu'est-ce que je t'ai dit ?

— Je ne sais pas.

— Je suis triste quand tu ne m'écoutes pas. Parfois, tu sembles absente, ailleurs... Tu fais comme si je n'existais pas.

Bilqis s'approcha de Shokat et la regarda droit dans les yeux :

— Dites au *shahrwâli*, dites à Narguess Khânoum que tout va bien. Dites-leur que Gholam Ali semble être un gentil garçon et que j'accepte...

— ... que tu acceptes quoi ?

— ... les fiançailles et tout le reste.

— A la bonne heure ! Dieu soit loué ! J'avais peur que tu nous fasses de la peine. Viens, nous allons dîner et nous en reparlerons demain.

Le surlendemain, Shokat et une de ses amies prirent l'autobus en direction de l'est.

— Prends soin de la maison. Je serai de retour dans peu de temps. Tu as de la nourriture et quand tu sors, tu fermes bien la porte. Si le maire ou sa famille viennent te faire une visite, tu les reçois gentiment, tu leur offres le thé. Il y a quelques gâteaux dans le placard...

— Ne vous en faites pas, Shokat Khânoum, partez l'esprit tranquille. Quand vous reviendrez, vous trouverez votre maison telle qu'elle est aujourd'hui, propre et bien rangée.

Les deux femmes s'embrassèrent. Bilqis serra sa protectrice un peu plus fort que de coutume car elle savait qu'elle ne la reverrait pas...

Deux jours passèrent au cours desquels la jeune fille vaqua à ses occupations. Puis, elle prépara son sac de voyage dans lequel elle mit ses beaux vêtements de fête, une chemise, un pantalon et un tchadri, deux mouchoirs et une paire d'espadrilles.

Elle savait qu'un autobus passait tous les jours en fin de soirée, parfois très tard dans la nuit, en provenance de Kaboul pour se diriger vers Herat. Il s'arrêtait dix minutes devant la mairie puis repartait. Il était impensable d'y monter là. Plus loin se trouvait le futur garage de Gholam Ali qui y travaillait très tard le soir pour aménager sa petite entreprise. Elle savait qu'en longeant la rivière qui était bordée d'arbres, personne ne la verrait. Elle arrêterait le véhicule loin de Kamanj.

Au troisième soir, elle sut que le moment était venu. Il ne fallait plus qu'elle tarde, le retour de Shokat était imminent. Elle mit ses dernières affaires dans son sac de toile, inspecta les lieux, arrosa les plantes, éteignit le samovar, enleva quelques miettes sur le sol de la cuisine, prit une feuille de papier dans un tiroir et rédigea d'une main tremblante quelques lignes qu'elle avait préparées dans sa tête depuis la veille. Elle ne pouvait pas partir sans laisser un message, même avec des fautes d'orthographe. Shokat Khânoum l'avait accueillie, éduquée, nourrie, transformée. Elle se devait de le lui dire :

Gentille Shokat Khânoum, ne me recherchez pas. Je suis partie. Je ne veux pas me marier. Je ne voulais pas vous quitter. Vous serez toujours dans mon cœur. Que Dieu vous protège. Je vous aime. Bilqis.

La nuit était noire. Le ciel était couvert et la lune ne brillait pas. La fugitive longea le Hariroud dans le sens du flot, au nord du village. Quelques maisons étaient éclairées. Elle eut soudain très froid et allongea le pas. Elle parvint non loin du garage de son prétendant et y vit des ombres s'affairer à l'intérieur du bâtiment. Quand elle eut atteint la dernière masure du bourg, elle se hasarda vers la route. Il n'y avait pas âme qui vive. Un vol d'oiseaux l'effraya, un chien errant traversa la route. Elle accéléra le pas.

Au troisième virage, elle s'assit sur une pierre et attendit. Le vent soufflait, la lune fit une courte apparition puis se cacha à nouveau. Au loin, il lui sembla entendre le vrombissement d'un moteur, puis tout redevint silencieux. Et si l'autobus ne passait pas ? Retournerait-elle à la maison, comme si de rien n'était ? Non, elle ne retournerait pas en arrière.

Le moteur se rapprochait ; elle en connaissait le bruit. La côte était prononcée et il avançait lentement. Soudain, il surgit, à cent mètres d'elle. Elle se dressa et s'avança sur la route, écartant les bras, ne bougeant plus. Le lourd engin s'immobilisa et une porte s'ouvrit.

— Qu'est-ce que tu fais là ?

— Je vais à Herat.

— Tu as de l'argent ?

— Oui.

— Alors grimpe, il y a de la place dans le fond.

Des hommes ronflaient, des femmes se serraient les unes contre les autres, une jeune fille allaitait un nouveau-né. Elle trouva une place à l'avant-dernier rang, contre la fenêtre. Elle garda son sac sur ses genoux, appuya sa tête contre la vitre et tenta de trouver le sommeil.

Elle fit des rêves confus cette nuit-là. Elle voyait sa mère et Shokat, Najmuddin qui parlait avec le maire, elle reconnut la voix de Leila, la voisine de Garm-Ab qui appelait son fils, Shokat Ali. Puis, le sommeil devint plus paisible après le troisième arrêt de l'autobus. Dans son dos, le jour commençait à se lever et la terre devenait rouge-ocre. On voyait la silhouette sombre des montagnes se détacher d'un ciel gris et rose.

A Maarvâh, le soleil brillait et la journée s'annonçait belle. La route longeait une rivière, large et rapide. Des champs défilaient sous ses yeux ; elle aperçut des bergers et leurs troupeaux. Des hameaux furent franchis et la circulation devint plus difficile parmi le flot de charrettes, de voitures, de bicyclettes et de camions. Certains déchargeaient leurs marchandises et Bilqis entendit des cris, des hurlements, des insultes même. La plaine était vaste, des ponts enjambaient la rivière et elle vit ses premières barques avec des hommes à bord.

Durant la dernière heure de route, l'autocar se vida à moitié. Des hommes parlèrent entre eux pendant que les femmes demeuraient silencieuses. A part pour une très courte halte au lever du jour, afin que les voyageurs puissent boire un thé chaud, elle n'avait pas bougé de sa place. Elle avait sorti de son sac une pomme qu'elle avait avalée discrètement.

Enfin, ce fut l'arrivée à Herat. Elle en avait souvent entendu parler mais n'avait jamais imaginé qu'une ville puisse être aussi grande et bâtie tout en hauteur. Les rues étaient asphaltées, le lourd véhicule glissait sans heurt. Le chauffeur avait allumé les centaines de petites ampoules multicolores qui ornaient les vitres sur l'avant et sur les côtés du véhicule, comme pour saluer la population locale. Bilqis ouvrait de grands yeux car ces petites ampoules la fascinaient. Elle vit de hauts bâtiments, des mosquées plus belles les unes que les autres, des femmes qui marchaient dans les rues habillées de vêtements de toutes les couleurs, des échoppes et des boutiques par dizaines, accolées les unes aux autres. Les marchands présentaient des montagnes de melons, de pastèques, des sacs de riz étaient empilés, il y avait des poulets qui pendaient par une patte, des dindons couchés au beau milieu de la rue, des dizaines de poules dans les cages.

— Tout le monde descend ! Herat, tout le monde descend !

Un aide chauffeur grimpa sur le toit de l'autocar et balança les valises et les ballots sur la chaussée.

— Dokhtar Khânoum... Vous là-bas ! On est arrivés ! Il faut descendre.

Bilqis sortit de sa torpeur et empoigna son sac.

— Pardon, monsieur, pardon.

— Bonne journée, et que Dieu vous protège.

En ce jour de fin d'hiver 1993, la jeune fille entra dans un monde nouveau. Garm-Ab et Kamanj étaient oubliés. Elle se tenait au milieu d'un trottoir, ne sachant dans quelle direction aller. Elle n'osait même pas poser quelques instants son sac par terre. Des personnes la bousculèrent, des enfants couraient dans tous les sens, des femmes faisaient leurs courses, des hommes étaient assis sur des chaises posées à même le trottoir et fumaient le narghileh tout en devisant.

Elle se décida à suivre trois femmes qui faisaient leurs emplettes, restant quelques pas derrière elles pour ne pas se faire remarquer.

— Que nous faut-il encore pour le *now rouz* ?

— Du *sirop* et je crois encore un peu de *sucre*, oui, il nous faut de l'ail.

— Il me faut de la pâtisserie pour les invités, je ne pense pas en avoir assez.

C'était donc le *now rouz*. Shokat avait dit qu'elle serait de retour pour le nouvel an. Peut-être était-elle déjà rentrée ?

— Prends des pommes et des oranges, je me charge des pêches et des poires.

Et la jeune fille poursuivit son chemin, au rythme des trois femmes. Au bout d'une demi-heure, elle fut interpellée par une voix masculine :

— Khânoum, que faites-vous là ?

D'abord, elle ne se retourna pas. Jamais encore on ne l'avait appelée madame.

— Khânoum, c'est à vous que je parle !

Intriguée, Bilqis tourna la tête vers sa droite. Un homme en uniforme, un bâton à la main, la fixait. Comme à son habitude, elle baissa les yeux.

— Vous ne comprenez pas ce que je vous dis ? Je vous demande ce que vous faites là. Je vous regarde depuis un moment et je vois bien que vous suivez ces femmes...

— Je... je ne fais rien... je viens d'arriver par le car et je ne connais pas la ville...

— D'où arrivez-vous ?

— De là-bas, répondit-elle en tendant le bras en direction de la gare routière.

— De quelle ville venez-vous ?

— Kamanj, je viens de Kamanj.

— Vous avez de la famille, ici ?

Bilqis hésita.

— Non, enfin, pas exactement...

— Ça veut dire quoi, « pas exactement » ?

Le policier demanda à la jeune fille de le suivre. Que pouvait-elle faire d'autre ? Peut-être l'aiderait-il ? Il était jeune et souriant. Ils entrèrent dans la *welâyat* n° 3 où des dizaines de gens étaient assis par terre en attendant leur tour. Il y avait un homme enchaîné, un autre qui saignait. Une femme tapait sur un enfant pour qu'il se taise. Découvrant l'extrême jeunesse de Bilqis, l'homme en uniforme la tutoya :

— Tu as quel âge ?

— J'ai seize ans.

— Tu as des papiers sur toi ? Une carte d'identité ?

— Non, je n'en ai pas. Je n'en ai jamais eu.

— Tu es née où ? Où est ta famille ?

— Je suis née à Garm-Ab. Mes parents sont morts, je n'ai plus personne.

— Et pourquoi as-tu quitté Kamanj ?

— Mes patrons ne pouvaient plus me payer, ils m'ont dit de partir. J'ai pris quelques afghanis que j'avais économisés et quelques vêtements, et je suis partie avec l'autocar.

L'officier de police se dirigea vers un guichet où il s'entretint avec une employée, sans pour autant perdre Bilqis des yeux. Quand il revint, il arborait un large sourire.

— Tu n'as donc pas de travail, ici ? Tu ne connais personne ?

— Je cherche un emploi. Je sais tout faire à la maison et à la cuisine. Je sais...

— *Istâd sho*, attends un instant. Tu vois la dame, là-bas, au guichet n° 7 ? Je viens de parler avec elle. C'est ma belle-sœur. Sa famille a justement besoin d'une jeune fille dans leur maison. Es-tu disposée à y aller ?

En fin de journée, Bilqis était hébergée et engagée par Fatemeh, la belle-sœur du policier. Dès le premier coup d'œil, la maison et ses hôtes lui déplurent. Tout y était sale et en désordre, la cuisine sentait mauvais, les trois enfants étaient turbulents et le mari grossier, vulgaire et mal élevé. Elle passa sa première nuit sur une paillasse posée à même le carrelage de la salle d'eau. Le maître de maison était boulanger et se leva très tôt le lendemain matin, réveillant tout le monde au passage. Dès six heures, le samovar fut allumé et chacun commença à s'agiter. Puis, les enfants partirent à l'école et Fatemeh au commissariat. Alors, seulement, Bilqis put se détendre et faire sa toilette, coiffer ses cheveux et se restaurer. Elle n'avait pas du tout l'intention de demeurer dans cette maison mais faute de mieux, elle y resterait, le temps de découvrir le quartier puis cette ville interminable. Elle préparerait un départ réfléchi et soigneux.

Elle ne pensait plus à Shokat ni à son ancien fiancé. Quand elle sortait de la maison avec Fatemeh, elle évitait de rester trop longtemps dans les environs de la gare routière, au cas où un voyageur la reconnaîtrait. Quand elle portait des paniers et que ses deux mains étaient prises, elle marchait la tête baissée pour ne croiser aucun regard, et éventuellement distinguer une silhouette familière. A la maison, elle ne parlait pas, répondant juste aux questions qui lui étaient posées, surveillait les enfants qui avaient entre cinq et neuf ans, et les aidait même à faire leurs devoirs, ce qui lui permettait d'améliorer ses connaissances. Dernière couchée, première levée pour préparer le thé de son patron, elle dormait peu mais n'avait somme toute aucun reproche à faire à ses patrons. Le *sâheb* était fruste et mal élevé, certes, mais, au bout du compte, elle le voyait peu. Fatemeh allait et venait, donnait des ordres et passait toutes ses matinées à son travail, jusqu'à quatorze heures. Balayer, nettoyer, laver, repasser, cuisiner, coudre, était donc son lot quotidien et cette succession de jours et de nuits monotones aurait pu durer longtemps encore si, un matin, le policier n'était venu frapper à sa porte :

— Tu me reconnais, Bilqis ?

— Oui, je vous reconnais.

— Tu es contente de me revoir ?

Elle ne répondit pas. Que devait-elle dire ?

— Tu n'es pas contente de me revoir ?

— Si, si... Comment allez-vous ?

— Sers-moi du thé et coupe-moi une tranche de pastèque. J'adore les pastèques. Tu es bien ici ? Tu te plais ?

Elle répondit tant bien que mal aux questions, évitant de l'approcher de trop près. Sa bouche sentait l'ail, il était mal rasé et sa vareuse était entrouverte. Son bâton blanc pendait à sa taille et un pistolet était accroché à son ceinturon. Certaines questions l'embarrassaient et elle ne parvenait pas à y répondre : As-tu été mariée ? Es-tu fiancée ? Est-ce que je te plais ? Jamais, on ne lui avait parlé ainsi...

— Tu sais que je peux faire ce que je veux, quand je veux ? Tu sais ce que c'est la police ?

— Non, je ne le sais pas.

L'homme sourit.

— Je surveille tout le monde, j'arrête les voleurs et les criminels, les femmes de mauvaise vie, et j'ai le droit de tirer avec mon arme quand il y a danger. Je guide les voitures et les camions, je mets en prison qui je veux quand il me plaît et je suis en même temps un maire, un juge et un général. Tu comprends ? Tu m'as entendu ?

Bilqis opina mais elle avait de la peine à suivre la conversation. Pourquoi cet homme était-il venu ? Que lui voulait-il ?

Le soir, elle n'en parla pas à Fatemeh. Savait-elle que son beau-frère était venu ? Le lui permettait-elle ? En la quittant ce matin, le policier lui avait dit : « Je reviendrai et nous parlerons encore. Je pense que tu es une gentille fille. »

En effet, quatre jours plus tard, il revint. Il but son thé, mangea sa tranche de pastèque et quelques friandises, posa des questions et, de temps à autre, lui lança quelques mots dans le but de l'effrayer :

— On te connaît à Kamanj... Je sais des choses sur toi... Il faudra être gentille avec moi si tu ne veux pas que je dise la vérité à ma belle-sœur...

Bilqis était terrorisée. Cet homme était le diable. Il lui souriait, jouait avec son bâton et son arme. Il était puissant et elle ne pouvait rien faire contre lui.

C'était un jeudi après-midi. Le boulanger, sa femme et leurs enfants étaient partis à Takhté Safar, dans la proche banlieue de la grande ville, pour passer le congé du vendredi chez un parent qui avait un jardin et une baraque. Fatemeh avait fait ses dernières recommandations à Bilqis avant de partir :

— Tu n'ouvres la porte à personne, sauf à mon beau-frère.

Et le policier arriva. Le temps des atermoiements et des sourires était révolu. Il profita de ce que la jeune fille venait de poser un plateau à même le sol et se relevait pour la prendre par la taille et l'attirer à lui. Bilqis ne dit rien, ne fit rien, et se laissa choir, en fermant les yeux.

L'homme souleva le tissu de son voile, releva la blouse et baissa le pantalon de sa victime, tout en maintenant son avant-bras sur une de ses joues pour qu'elle ne s'enfuie pas. D'une main nerveuse, il se déboutonna et lui grogna dans l'oreille :

— Tu es une *fâéché*, je savais que tu étais une *fâéché*... Et les putes, voilà ce que j'en fais, moi.

Avec une brutalité presque bestiale, il la pénétra et ajouta :

— Toutes les putes de cette ville, je les connais, elles sont à moi. Tu es à moi aussi.

Puis, il se reboutonna, fixa son ceinturon, mit son képi et dit :

— Je viendrai ici quand je voudrai. Tu peux dire ce que tu veux à mon frère ou à sa femme, ils se moqueront de toi. On saura que tu es une pute et tu n'auras plus le moindre travail dans toute la ville, tu peux me croire ! Dieu m'en est témoin !

Ce manège dura des mois. Le policier venait une ou deux fois par semaine, se restaurait, prenait Bilqis de force, la menaçait, puis s'en allait. Sitôt l'acte consommé et l'homme parti, elle s'enfermait dans la salle d'eau et se lavait minutieusement pour éliminer la puanteur du policier dont elle ne connaissait même pas le nom.

Quand Fatemeh revenait à la maison peu après quatorze heures avec les enfants qu'elle était allée chercher à l'école, tout était prêt : le repas était posé sur une nappe propre, de l'eau fraîche tirée du puits car celle du robinet était trop tiède, le ménage était fait, la lessive également. Personne ne parlait en mangeant, sauf les enfants qui se chamaillaient. Sitôt la sieste de l'après-midi terminée, chacun reprenait ses activités : devoirs ou jeux pour les uns, courses pour les autres, repassage et préparation du repas du soir pour Bilqis. Tel un automate, elle semblait avoir accepté cette existence, faite de souffrances et de servitude. Elle s'était endurcie et ne se plaignait jamais. Elle avait grandi et ses vêtements étaient devenus trop courts. Quand elle avait le temps, elle décousait les ourlets pour les rallonger.

Deux années s'étaient écoulées, monotones, tristes. Sa vie était partagée entre ses obligations chez Fatemeh, les visites plus ou moins régulières du policier – elle avait fini par apprendre qu'il s'appelait Nur Mohamad – et de rares promenades aux alentours de la ville quand la famille avait besoin d'elle pour transporter le samovar ou les provisions lors d'un pique-nique.

Un matin, le policier lui dit :

— Je t'ai trouvé un nouveau travail. Tu habiteras dans une grande maison, tu auras ta chambre, de nouveaux vêtements, tu seras mieux payée et tu verras davantage de monde. Qu'en dis-tu ?

Que dire ? Avait-elle le choix ?

— Tu ne réponds pas ?

— Que va dire Fatemeh Khânoum ?

— Elle n'a rien à dire. C'est moi qui donne les ordres. Quand tout sera arrangé, je te le ferai savoir.

Quelques semaines passèrent avant que Nur Mohamad ne confirme sa décision :

— Tu partiras avec moi la semaine prochaine. Prépare déjà tes affaires. J'ai tout arrangé avec mon frère, il est d'accord.

Une nouvelle fois, Bilqis allait changer de vie : Garm-Ab, Alandâr, Kamanj, Herat. Là, elle ne changeait pas de ville mais seulement de maison et d'employeur. Elle venait de passer deux *now rouz* chez le boulanger et sa femme, elle n'avait jamais été payée mais n'avait manqué de rien chez eux. Mis à part les excès du policier, elle n'avait pas à se plaindre de son frère et de sa belle-sœur. Elle les quittait probablement pour une place équivalente...

Fin de l'été 1995. Bilqis avait officiellement dix-huit ans, c'était inscrit sur la carte d'identité que lui avait procurée Fatemeh Khânoum au commissariat.

— Ne perds jamais ce document. Porte-le toujours sur toi quand tu sors, autrement, tu pourrais aller en prison.

C'est dans le taxi d'un ami que le policier l'emmena vers sa nouvelle résidence. Ils marchèrent ensuite dans un dédale de ruelles de plus en plus petites et sombres, traversèrent des cours et une échoppe.

— Assieds-toi là, je reviens dans un instant.

D'autres femmes attendaient, les jambes en tailleur, appuyées contre les murs d'une salle mal éclairée. Nur Mohamad revint et lui fit signe de se lever. Ils suivirent un couloir proprement entretenu, avec des tapis par terre et des lumières multicolores au plafond. Ils entrèrent dans un local éclairé et richement décoré de tapis et de coussins moelleux, de rideaux aux fenêtres, de miroirs aux murs. Des friandises étaient disposées dans des assiettes, sur des tables basses.

Une femme entre deux âges entra et salua le policier. Elle toisa Bilqis, lui demanda de retirer son tchadri, de tourner sur elle-même, d'ouvrir la bouche, de montrer ses dents et de tirer la langue. Elle lui inspecta succinctement la chevelure.

— Tu t'appelles Bilqis, tu as dix-huit ans, tu es sans famille et tu souhaites travailler. Tu es la bienvenue ici. Nous formons une famille et je suis en quelque sorte votre maman à toutes.

Une demi-heure plus tard, quand Nur Mohamad se retira, une enveloppe bien garnie dans la poche, Bilqis comprit qu'elle était désormais enfermée dans un espace dont elle ne sortirait jamais, tant il y avait de portes, de rideaux, de couloirs et de fenêtres. Elle fit la connaissance d'autres femmes, toutes entre vingt et cinquante ans, certaines usées par la vie, d'autres rejetées par des familles bien trop pauvres pour les entretenir. La patronne du lieu répondait au nom de Roshan Khânoum.

Cette femme, très exagérément maquillée, avait des bagues à tous les doigts des deux mains. Elle avait des boucles aux oreilles et plusieurs colliers autour du cou. Bilqis n'avait jamais vu autant de richesses sur une personne. Certes, en se promenant avec Fatemeh, elle avait rapidement jeté des coups d'œil aux bijoux du bazar qui scintillaient sous les néons et attiraient les clients les plus riches, mais jamais autant ainsi posés sur une seule femme ! Elle était fascinée. Shokat lui avait promis un bracelet en or pour son mariage, elle l'avait essayé à son poignet et le lui avait rendu.

— *Khanoumhâ*, mesdames... je vous présente Bilqis, une nouvelle venue. Elle est orpheline et vient de la campagne. Elle sera la plus jeune parmi vous. Accueillez-la gentiment.

Et toutes dirent en même temps :

— *Khosh âmadid Bilqis*, bienvenue.

Il y eut quelques applaudissements, on servit le thé et quelques dattes, puis toutes les femmes se dispersèrent.

Roshan emmena la jeune fille vers son nouvel

univers : une chambre de deux mètres sur deux, sans fenêtre, avec un matelas sur le sol, un broc d'eau et une écuelle, deux étagères au mur, un meuble bas pour y ranger ses affaires, deux serviettes de toilette, trois boîtes de mouchoirs en papier et des préservatifs dans un emballage métallique.

— Pour le moment, installe-toi et range tes affaires. Je te présenterai ton premier client tout à l'heure. *Khodâ hâfez.*

Et la porte se referma derrière elle.

CHAPITRE 9

Le bordel

Ce premier jour, Bilqis eut six clients. Elle ne savait pas ce qu'elle faisait, comment elle le faisait et si elle le faisait bien. Une image lui traversa l'esprit : tous ces Shoravis qui s'étaient jetés sur elle au bord de la rivière lui avaient fait mal puis, ils avaient disparu en riant. Roshan Khânoum lui avait dit : « Chaque homme met une *kâpoute* ou tu la leur mets s'ils le souhaitent et quand ils ont terminé, tu leur tends une serviette, ils se lavent et ils s'en vont. Pas de *kâpoute*, pas d'amour. S'il y a un problème, tu appelles, nous sommes derrière la porte. »

Le premier client entra en souriant, salua et dénuda le bas-ventre de la jeune fille qui ne portait plus son pantalon. Le second demanda à éteindre la lampe à pétrole, un autre se mit à pleurer en passant à l'acte. Il y en avait de tous les âges : des gros, des édentés, des mal lavés, des timides. Chaque heure, il y avait dix minutes de repos et un domestique apportait aux filles un verre de thé et des gâteaux secs. Tous les trois clients, on apportait de nouvelles serviettes et d'autres préservatifs, on remplissait les brocs. La maquerelle évaluait ainsi les possibilités de chacune de ses seize filles.

Certains clients étaient privilégiés et accueillis avec beaucoup d'égards et moult courbettes. Les filles étaient alors convoquées dans le salon et se présentaient dévoilées devant le personnage qui choisissait. Bilqis était devenue la favorite car la plus belle, la plus jeune et aussi la plus réservée, gardant toujours le regard baissé vers le sol.

Il n'y avait aucune jalousie entre les filles. Roshan Khânoum tenait la comptabilité et les revenus des femmes allaient dans une cagnotte commune, après que la patronne des lieux se fut servie.

— Si un client vous demande des choses contre nature, vous refusez, tu as bien compris Bilqis ?

Elle ne savait pas ce que « contre nature » voulait dire. Roshan dut lui expliquer que certaines positions étaient contre les préceptes du Coran et étaient insultantes pour les créatures de Dieu.

— Si un client a une telle exigence, vous appelez tout de suite.

Et pourtant...

Il y avait les proches de la patronne du bordel, ceux qui en quelque sorte la protégeaient des enquêtes de l'administration, du zèle de la police, ou encore de certains chefs de bande appâtés par des gains faciles. Outre Nur Mohamad qui était un client assidu, il y avait le sous-préfet de la ville et ses exigences, un *hojat-ol-eslâm* qui, entre deux prêches, voulait deux femmes en même temps et un officier de la garnison aimant se faire battre avec des branches de noisetier.

Bilqis avait perdu la notion du temps. Elle ne voyait plus la lumière du jour, satisfaisait une vingtaine de clients par jour, ne parlait plus, ne souriait plus et ne répondait plus aux questions de la patronne. L'hiver fut rude, le printemps tardif et l'été, comme chaque année, éprouvant et torride.

Puis, le pays bascula dans la folie religieuse ; les combattants du Nord furent refoulés de la capitale, les religieux gagnèrent du terrain et de nouvelles lois furent votées par une assemblée d'étudiants en théologie qui devenaient les nouveaux maîtres tout-puissants du pays. Désormais devenait interdit tout ce qui ressemblait de près ou de loin à du plaisir, du confort, de la joie de vivre et de la détente. Dans son ensemble, la population n'eut plus le droit d'écouter la radio ni de jouer avec des cerfs-volants, de taper dans un ballon, d'aller se promener en famille au bord des rivières ou dans les campagnes, de manger de la nourriture étrangère, de parler une autre langue que le persan ou le pachtou. Les femmes et les filles furent confinées chez elles, autorisées à ne sortir qu'accompagnées d'un parent et interdites de scolarité et de travail en dehors de chez elles.

La maison close de Roshan Khânoum resta discrète durant de longs mois. Les clients se faisaient de plus en plus rares et les femmes les plus âgées furent remerciées et congédiées. On apprit deux ans plus tard que ces femmes avaient été lapidées pour dépravation et offense au Tout-Puissant.

Un jour, un homme important eut droit aux honneurs de la patronne des lieux. Gros, extrêmement barbu, portant un turban sur la tête et une arme à la hanche, il buvait son thé tout en écoutant la logeuse lui conter les délices de sa maison. Quatre filles lui furent présentées parmi lesquelles Bilqis. L'une après l'autre, elles passèrent devant ce personnage qui mangeait goulûment des pâtisseries et s'essuyait la bouche avec le revers de sa main. Portant le tchadri, selon les nouvelles exigences gouvernementales, elles avaient néanmoins relevé leur voile pour que le gros homme puisse les voir tout à son aise.

— Toi, avance !

A tour de rôle, elles s'exécutèrent, se mirent à genoux devant lui, montrèrent leurs mains, baissant le regard et attendant. L'homme discuta avec Roshan puis demanda à Bilqis de se relever. Les trois autres femmes disparurent derrière une tenture.

— D'où viens-tu ?

— De Garm-Ab.

— On m'appelle Excellence, *ââli djenâb.*

— De Garm-Ab, Excellence.

— C'est où ça, Garm-Ab ?

Après des explications confuses, l'homme sembla satisfait.

— Quel âge as-tu ?

— Environ dix-neuf ans, Excellence.

— Jamais mariée ? Pas d'enfants ?

— Non, Excellence, Dieu ne m'a pas donné cette chance.

— Laisse Dieu loin de tout ça. Il n'a pas sa place dans cette maison de débauche.

Un quart d'heure plus tard, repu et de toute évidence satisfait, il se redressa tant bien que mal de ses coussins, ajusta son costume et son turban et se dirigea avec Roshan et Bilqis vers la plus belle de toutes les chambres. Ce fut la patronne qui monta la garde derrière la porte afin de pouvoir répondre le plus rapidement possible aux besoins de cet homme, si nécessaire. Elle entendit ses grognements, un petit cri puis encore des grognements et finalement un long râle. Tout semblait s'être bien passé et elle retourna dans le salon.

Quand l'homme apparut à nouveau, elle lui offrit à boire et quelques friandises.

— Cette petite me semble bien. Elle est docile, ne parle pas, vous lave après... C'est parfait.

Roshan sourit et baissa les yeux de satisfaction.

— Tu sais bien que ce que tu fais est formellement interdit par la nouvelle loi, n'est-ce pas ?

— Oui, Excellence, je le sais.

— La loi s'applique pour tous et tu n'es pas au-dessus d'elle. Cependant...

L'homme but bruyamment une gorgée de thé.

— Cependant, je peux t'aider et t'accorder ma protection, en quelque sorte. Tu comprends ce que je te dis ?

Quelques instants plus tard, l'affaire était entendue. Cheikh Nur Ali devenait le nouveau patron des lieux et en laissait la direction à Roshan. Chaque semaine, il viendrait prélever son dû et exiger un relevé très précis des sommes encaissées et des noms et adresses des clients.

— Quant à Bilqis, elle m'est réservée ainsi qu'aux personnes que j'aurai recommandées. Tu m'as bien compris ? Sinon, je fais fermer ce lieu de perdition et je te jette en prison. Et alors tes filles... et il se passa le pouce sur la gorge pour bien faire comprendre son intention.

Le nouveau guide spirituel de la région de Herat avait ses aises à la maison close de Roshan Khânoum. Il arrivait avec ses gardes du corps qui inspectaient les lieux avant de s'éclipser. Trois à quatre fois par mois, Cheikh Nur Ali s'offrait gratuitement Bilqis. Le commerce avait repris, d'autres femmes avaient été recrutées et les affaires tournaient bien pour la patronne, même s'il y avait, de temps en temps, des coups de feu en ville, des exécutions publiques ou des séances de fouet aux principaux carrefours. L'influent chef local Esmail Khan avait disparu avec ses fidèles dans les montagnes alentour et il menait une guérilla contre ce qu'il appelait les fous de Dieu. Car quiconque ne portait pas une barbe d'au moins dix centimètres, n'allait pas cinq fois par jour à la mosquée, détenait des oiseaux en cage ou des livres rédigés en langues étrangères, quiconque possédait des cassettes, des télévisions, des valeurs acquises hors du pays, devenait passible de fortes amendes dans le meilleur des cas ou d'emprisonnement voire d'exécution dans les cas les plus graves.

Certaines fois, Cheikh Nur Ali était d'humeur joviale et apportait des fruits aux hôtesses de la maison. D'autres fois, il était taciturne et personne n'engageait la conversation avant lui.

— Dis-moi, Roshan, ce Fateh Emami qui vient de temps en temps chez toi, quel genre d'homme est-il ?

La femme réfléchit quelques instants car elle ne connaissait pas toujours personnellement les clients.

— Ah oui ! C'est un commerçant en tapis de la rue Amanollah. Il vient une fois par semaine. Il ne parle pas beaucoup, il paie et il s'en va.

— J'ai entendu des rumeurs sur lui. Tu ne lui as jamais parlé, il ne t'a jamais rien dit ?

— Non... Aux filles peut-être... Il prend toujours la même. Dois-je vous l'appeler ?

Cheikh Nur Ali voulait tout savoir sur chacun des clients de la maison close : qui venait, ce qu'il voulait, avec qui il couchait, de quoi il parlait, s'il avait de la famille, des enfants, des amis, s'il était installé en ville depuis longtemps, etc. Roshan devait tout inscrire avec précision et détails.

— Si tu me caches quelque chose, nos arrangements ne tiendront plus. Tu sais ce que ça veut dire ?

Pendant une année, le taliban mena ses affaires avec autorité, sachant toutefois alterner bonhomie et menaces. Puis, on ne le revit plus. La patronne continuait à tenir une comptabilité précise, s'attendant à le voir apparaître à tout instant. Mais des rumeurs parvinrent jusqu'à son oreille : il aurait été pendu pour activités anti-islamiques, tous ses biens auraient été saisis et sa maison dynamitée. Etait-ce vrai ? Tant de bruits circulaient dans la ville, provenant soit de prêches de la mosquée du vendredi, soit encore de discussions parmi les commerçants du bazar. Elle ne pouvait pas mettre son argent à la banque car la somme était trop importante et aurait éveillé les soupçons. Elle ne possédait pas de coffre-fort ni d'armoire fermant à clé. En qui pouvait-elle avoir confiance ? Seule Bilqis semblait assez honnête pour garder un secret et éventuellement dissimuler de fortes sommes d'argent.

Des millions d'afghanis et aussi quelques dollars provenant de clients iraniens ou pakistanais furent cachés dans tous les recoins possibles et imaginables de la maison : dans des coussins, dans des matelas, sous des dalles, dans le jardin...

Un matin, un homme d'une trentaine d'années, avec un fort accent kandahari, pénétra chez Roshan.

— La police, c'est moi. Des voisins se plaignent de toutes ces allées et venues qui dérangent leur commerce et leur quiétude. Avant la fin de la semaine, cette maison sera définitivement fermée. Toutes les femmes qui y seront encore présentes quand je reviendrai seront emmenées à la Citadelle et lapidées pour débauche et outrage aux bonnes mœurs. Nous sommes mardi, je reviendrai jeudi matin. Nettoie-moi ce lieu diabolique et malfaisant.

La panique s'empara de la patronne. Elle avait moins de quarante-huit heures pour faire place nette. Les filles, elles, sauraient se débrouiller ; le mobilier lui tenait davantage à cœur. Il y avait de beaux tapis, des tissus précieux et quelques tasses et verres de valeur pour les hôtes d'honneur. Et il y avait surtout l'argent, cette somme très importante qui dormait aux quatre coins du bordel et qu'il fallait mettre à l'abri avec discrétion et efficacité.

Moins il y aurait de témoins, mieux ce serait. Roshan s'était attachée aux filles qui travaillaient pour elle, certaines depuis des années. Elle avait su gagner leur confiance, les aider dans les moments difficiles, les protéger, et parfois les éduquer. Aucune ne fut jamais molestée. Quand ces femmes sans avenir, car souillées, quittaient Roshan, elles emmenaient avec elle un petit pécule et une nouvelle identité de veuve ou d'orpheline, délivrée par un commissaire complaisant et grassement rémunéré. Elles étaient ensuite placées dans des familles, dans des fabriques de tapis ou des usines de briques, et elles terminaient leur existence avec dignité et respect. Mais cette fois-ci, la situation était autrement plus compliquée à gérer car il y avait plus d'une douzaine de filles de moins de trente ans à caser sans éveiller les soupçons. Bilqis assista sa patronne car elle était la plus instruite et la plus discrète. Jamais elle n'avait vu autant d'argent devant elle : Roshan ouvrit un carton à chaussures et des liasses d'afghanis et de billets étrangers se répandirent sur le tapis.

— Compte et recompte bien. Fais-moi des piles de dix mille afghanis. Empile-les ici. Quand tu arriveras à cent mille, donne-les-moi, je les recompterai et on les mettra dans ce sac.

Les filles attendaient dans la chambre d'à côté. Elles avaient le droit de parler entre elles, de se reposer et de se restaurer. De temps à autre, Roshan alla voir et inspecter les lieux car des sommes importantes étaient cachées dans les coussins sur lesquels elles s'appuyaient. En fin de journée, après avoir vidé quatre des six chambres de leurs billets, Roshan et Bilqis s'accordèrent un peu de repos. Six filles furent payées et priées de ne jamais plus revenir.

— L'inspecteur sera là dans deux jours et ramassera toutes celles qu'il trouvera. Vous savez ce qu'il fera, sinon : fouet, prison et gibet.

Les six autres aidèrent au ménage, empilèrent les draps et les couvertures, les coussins et les serviettes. Elles préparèrent le dîner, vidèrent totalement trois chambres et allèrent se coucher.

— On peut tout terminer cette nuit. Tu es fatiguée ?

— Non, Roshan Khânoum. Ça va, on peut y aller.

Elles vidèrent toutes les caches, calculèrent et recalculèrent, lièrent et ficelèrent les afghanis, les classèrent et les empilèrent jusqu'à l'aube. Bilqis s'était assoupie quelques instants, la tenancière la secoua délicatement par l'épaule.

— J'ai tout terminé. Va réveiller les filles. Dis-leur de faire leur toilette, de se restaurer et de venir me voir dans une heure.

Et, à six heures du matin, six ombres quittaient les lieux, disparaissant dans un dédale de ruelles sombres.

— Nous allons prendre du repos. Je te réveillerai dans trois heures et nous terminerons le travail. Ensuite, je t'emmènerai avec moi.

Le son du *robâb*, du *sarangui* et du *gidjak* réveilla les deux femmes. Les trois musiciens qui grattaient leurs cordes sous les fenêtres annonçaient la venue d'un personnage de première importance. C'était ainsi que Roshan communiquait avec l'extérieur chaque fois qu'un édile de la cité s'annonçait. Cette fois, il ne s'agissait pas de n'importe qui mais de Rassoul Khan en personne, le cousin d'Esmail Khan, le chef provincial local en fuite depuis des mois.

— J'ai appris ton malheur et je suis venu t'apporter mon soutien. On se connaît depuis longtemps toi et moi...

Entre deux lampées bruyantes de thé et deux *shir péira* goulûment avalés, l'homme rota et dit :

— Je t'achète ta maison avec tout ce qu'elle comporte : meubles, vaisselle, tapis, ornements et le reste.

La transaction fut vite faite ; Roshan n'était pas en mesure de discuter.

— Tu viendras chez moi vendredi. Tu passeras par le jardin et tu recevras l'argent des mains de mon fils. Tu viendras seule.

Le mercredi soir, les dernières filles étaient parties. Le jeudi à l'aube, bien avant le chant du coq, tout se passa très vite : l'argent fut mis dans des sacs en plastique que la patronne et Bilqis attachèrent autour de leur taille. Une fois les tchadris enfilés, elles ressemblaient à deux grosses femmes comme il en existait des dizaines en ville. Il fallait faire vite car le chef de la police pouvait boucler le quartier à tout instant et faire irruption dans la maison.

— Que Dieu nous protège... prions... *besm' Allah al rahmân, al rahim...*

Elles transportaient chacune environ dix kilos de billets. Elles avaient un grand sac à la main contenant quelques effets personnels. Le froid du matin les fit frissonner, elles pressèrent le pas, tournèrent le coin de l'impasse et marchèrent vers Gohar Shad. Elles s'arrêtèrent quelques instants, reprirent leur souffle et poursuivirent leur chemin.

— Ce n'est plus très loin, encore un quart d'heure.

Les boutiques ouvraient les unes après les autres, les premiers véhicules circulaient, le soleil s'était levé dans leur dos. Roshan frappa à une porte en bois ornée d'un gros clou de fer, qui s'entrebâilla. Les deux femmes entrèrent.

— Sois la bienvenue, *khâhâr djan*, installe-toi.

— Voici mon amie Bilqis. Nous sommes chez ma sœur Khadidjeh.

Personne ne questionna personne. Il n'y avait aucun homme ni aucun enfant dans la maison. Les femmes se délestèrent de leurs fardeaux, ôtèrent leurs vêtements encombrants et s'allongèrent sur les coussins posés sur le sol.

— *Khodâyâ, mordam !* Et toi ?

— Moi aussi, je suis épuisée. Du thé nous fera du bien.

Roshan et Bilqis dormirent toute la journée. Khadidjeh ne les réveilla qu'à la nuit tombante.

— Le dîner est prêt. Si vous voulez vous laver, suivez-moi.

Le repas du soir fut pris en silence. Les deux sœurs échangèrent quelques regards et quelques gestes et rien d'autre. Avant de se séparer pour la nuit, Roshan dit à sa sœur :

— Réveille-moi à six heures demain matin.

La tenancière avait donné ses instructions à Bilqis :

— Tu ne bouges pas d'ici. Tu surveilles l'argent, tout est là. J'en informe ma sœur et je lui dirai aussi où je vais.

Jamais plus, la jeune fille ne reverra sa patronne, partie vers une maison discrète du quartier résidentiel de Herat. Sa sœur Khadidjeh fit des recherches, sollicita des amis et des parents. Rien.

— Rassoul Khan est intouchable, insoupçonnable. Tu te rends compte de ce que tu nous demandes ? Est-elle vraiment entrée chez lui ? As-tu des preuves ? Quelqu'un l'a-t-il accompagnée ?

Bilqis était abattue, Khadidjeh effondrée. Une semaine passa et Bilqis se décida à parler à sa logeuse :

— Khadidjeh Khânoum, il faut que vous sachiez quelque chose... Il y a une très forte somme d'argent dans la chambre...

— Je le sais, Roshan m'a tout dit. Elle m'a également dit que tu es une honnête et gentille fille.

Toute la journée, les deux femmes comptèrent et comptèrent encore les liasses. Elles avaient entre les mains une véritable fortune, en cette période où les femmes n'avaient aucun droit, pas même celui d'avoir un compte en banque ou plus de mille afghanis sur elles pour faire leurs courses. Alors, toutes ces coupures, comment les conserver ? Comment les écouler ?

— Pour le moment, nous ne bougeons pas d'ici et prions pour que ma sœur revienne. L'argent est bien dissimulé et personne ne viendra le chercher ici. Cinq de mes enfants sont morts et il me reste quatre filles mariées et installées avec leurs familles dans la campagne environnante. Elles viennent assez peu ici, c'est plutôt moi qui vais les voir. Ma sœur a dû t'en parler !

Roshan n'avait jamais parlé de Khadidjeh à Bilqis, ni d'ailleurs d'aucun membre de sa famille. Les deux femmes devaient dorénavant se faire confiance si elles voulaient survivre dans ce pays qui, mois après mois, basculait dans la folie et la délation. Il n'y avait pas de semaine où une veuve ou une célibataire n'était exécutée en public, d'une balle dans la tête, sur la grande place au cœur de la Citadelle, centre historique de la ville. Un époux qui voulait divorcer, et qui n'avait rien à reprocher à sa compagne, trouvait deux témoins mâles qui certifiaient qu'elle avait des mœurs dissolues et, dans l'heure, elle était alors emmenée par de jeunes talibans qui lui faisaient faire le tour de la ville en annonçant à la population le lieu et l'heure de la mise à mort. Les femmes qui avaient le malheur d'avoir été plus riches que l'homme le jour de leur mariage étaient aussi des proies faciles pour les étudiants en théologie qui débarrassaient ainsi certains maris d'épouses encombrantes et parfois autoritaires. Evidemment, tous ces menus services étaient rétribués !

Il était donc impératif pour Khadidjeh et Bilqis de passer inaperçues. Elles ne sortiraient dans les rues qu'en cas de besoin, pour faire quelques courses. La somme considérable qu'elles possédaient avait été cachée dans divers endroits de la demeure, dans le jardinet, sous les dalles du puits et le carrelage de la cuisine. Comme chez Roshan, des liasses avaient été dissimulées dans des coussins. Seul l'un d'entre eux, contre lequel s'appuyait la maîtresse de maison quand elle mangeait, servirait de tirelire occasionnelle, de laquelle on sortirait un à un les billets nécessaires aux emplettes.

Les semaines puis les mois se déroulèrent sans fait majeur. Roshan avait bel et bien disparu, et les deux femmes finirent par admettre que jamais elle ne reviendrait. Bilqis avait eu vingt ans et il était convenu qu'en cas d'interpellation, elle dirait qu'elle était la nièce de Khadidjeh, qu'elle avait été mariée et qu'elle avait perdu son mari quelques semaines après son mariage.

Le *now rouz* de l'année 1377 [1] fut commémoré au petit matin, tel que l'avaient ordonné les astrologues. Des présents furent disposés sur un petit tapis. On y installa un coran, un miroir, des poissons rouges et un plat d'herbe fraîchement poussée. Elles burent du thé et prirent quelques friandises.

— Je pense à ma sœur. Elle venait chaque année ici car elle ne voulait pas que je découvre son commerce. Elle aimait cette petite cérémonie et nous nous échangions toujours des petits cadeaux. Elle adorait les bijoux mais je ne pouvais pas lui en acheter, ce n'est pas dans mes moyens... Je pense à elle car c'est mon premier nouvel an sans elle...

1. 1377 = 1998 après J.-C.

Et après un bref silence :

— Comment cela se passait-il... à... à votre travail ?

— Ce jour-là, nous avions congé, c'était un jour de repos. Roshan nous offrait de nouveaux vêtements, parfois des boucles d'oreilles, on mangeait bien, on préparait le repas toutes ensemble, c'était une vraie fête !

Soudain, on frappa à la porte. Trois coups forts et deux coups plus faibles.

— Ne bouge pas d'ici, je reviens tout de suite.

Khadidjeh entrebâilla la porte et Bilqis entendit les bribes d'une discussion et des sons de musique provenant de l'extérieur, notamment du *ney*, du *dombak* et du *dambourâ*, le luth afghan. Puis, la porte se referma et la femme revint :

— C'était un mendiant et son fils. Nous nous sommes souhaité la bonne année. Je lui ai donné quelques pièces et il est parti satisfait.

— Qu'y a-t-il, Khadidjeh, vous êtes toute pensive ?

— Je n'avais jamais vu cet homme auparavant : il se penchait toujours pour regarder par-dessus mon épaule. Il m'a demandé si je vivais seule...

A la fin de la journée, alors que les deux femmes faisaient de la broderie dans leur jardin, d'autres coups plus violents retentirent contre la porte. La maîtresse des lieux alla ouvrir, entièrement cachée derrière son tchadri. Bilqis comprit tout de suite que c'était soit la police, soit les étudiants en théologie qui allaient de maison en maison, rue après rue, depuis des mois, pour rechercher des criminels, des femmes prostituées, les personnes qui possédaient une radio, une télévision, un tourne-disque, gardaient des oiseaux en cage ou lisaient de la littérature interdite.

— Tu habites avec qui, femme ?

— Avec ma nièce, elle est avec moi en ce moment.

— Qui d'autre vit ici ?

— Personne d'autre, nous sommes deux veuves.

— Laisse-moi passer. Vous, attendez ici. Que personne ne rentre ni ne sorte !

Un homme d'une trentaine d'années fit irruption dans le patio. Il avait un turban sur la tête, une très longue barbe et une cicatrice qui lui parcourait toute la joue gauche. Il portait une arme de chaque côté de son ceinturon et deux cartouchières se croisaient sur sa poitrine. Son pantalon bouffant laissait apparaître des chaussures de sport toutes neuves.

— Toi, tu t'appelles comment ?

— B... B... B...

— Elle s'appelle Bilqis, c'est ma nièce.

— Elle ne sait pas parler ?

Mais aucun mot ne sortit de la bouche de la jeune femme. Elle était terrorisée et, malgré tous ses efforts, elle resta muette.

— Elle, elle... elle ne s'exprime pas bien, elle a du mal.

— Tu veux dire qu'elle est muette ?

Khadidjeh ne répondit rien.

— Fais-moi visiter, *ya Allah* !

L'homme parcourut les trois pièces de la modeste demeure : les tapis étaient râpés, les coussins élimés, la table basse bancale. Les deux chambres étaient propres, sans luxe. Des matelas avaient été roulés contre le mur, un balai était tombé et gisait sur le sol, un vase garni de quelques fleurs trônait dans un coin de la chambre principale, près des présents déposés sous la fenêtre.

— Tu sais qu'il est interdit de célébrer cette fête idolâtrique ? C'est contre Dieu et contre le Coran.

Et d'un grand coup de pied, il renversa le petit aquarium, piétina le miroir, marcha sur la nourriture, évitant de peu le coran.

— Je vais te punir pour ça ! Tu vas me payer une forte amende... Cent mille afghanis, c'est compris ?

Cent mille afghanis... Certes, elle les avait là, à quelques pas...

— C'est une somme très importante, nous ne sommes que de pauvres veuves et jamais nous n'avons possédé une telle somme ! Il nous faudrait une vie entière pour réunir autant d'argent...

— *Kâfi*, ça suffit ! J'ai dit cent mille afghanis... Je vous laisse deux semaines pour me payer cette somme. Vous avez jusqu'au jeudi de la semaine prochaine. Quand je reviendrai, cette somme aura été préparée, sinon...

L'homme repartit aussi vite qu'il était apparu. Khadidjeh entendit ensuite frapper à la porte des voisins. Les deux femmes restèrent silencieuses quelques instants. Il fallait réfléchir. Elles avaient dix jours devant elles pour dresser un plan. Il était exclu de payer car une telle somme entraînerait d'infinies questions et autant de problèmes.

— Je crois qu'il nous faudra quitter cette maison. J'ai toujours vécu ici depuis mon mariage mais si je dois la quitter, je le ferai. Demain, je vais sortir et m'informer auprès de deux cousines qui habitent un peu plus loin. L'une est veuve, l'autre a un mari qui a perdu ses deux jambes au début de la guerre contre les Shoravis. Je serai prudente. Elles sont très pauvres, et pour de l'argent, elles seraient capables de me dénoncer ! Je vais aller les visiter pour le nouvel an, comme je le fais chaque année. En rentrant, j'aurai peut-être appris des choses intéressantes...

Bilqis attendit toute la journée sans bouger de la maison, ni même de la pièce où elle resta confinée. Le moindre bruit en provenance de la rue la faisait sursauter, des pétards d'enfants aux alentours l'inquiétaient. Elle s'était terrée dans un coin de la chambre et pensait à ce qu'elle dirait ou ferait si on venait à frapper à la porte ou à appeler par-dessus le mur du jardinet. Rien, de toute évidence, rien.

Khadidjeh revint en fin d'après-midi. Elle alla se faire du thé et s'assit auprès de sa cadette.

— Il n'y a rien à faire, j'ai tout essayé. La ville est quadrillée, surveillée, et les habitants sont comme dans une immense prison. Mes cousines ne savent pas quoi faire non plus. Elles voudraient bien quitter Herat et aller chez elles à Rozanak, non loin d'ici, mais le transport coûte cher et si je venais à leur donner de l'argent, cela se saurait et nous serions inquiétées. Je ne vois qu'une solution : enterrer les billets dans un coin du jardin, prendre une certaine somme avec nous et venir chercher le reste plus tard, quand les talibans seront repartis. Cette maison est mienne, on ne peut pas me la prendre. J'en possède les papiers et l'acte d'acquisition. Qu'en penses-tu ?

Bilqis ne pensait pas. Elle était fatiguée de penser, de bouger, de s'inventer une nouvelle identité, de mentir, de fuir. Que de route parcourue depuis Garm-Ab, depuis ses montagnes et ses collines qu'elle voyait de temps en temps en rêve et qu'elle savait ne jamais plus revoir... Depuis quand les avait-elle quittées ? Cinq *now rouz* ? Six ? Sept ? Plus ? Elle ne savait pas. On lui avait juste dit qu'elle avait vingt ans.

Pendant trois jours, sans attirer l'attention des voisins, les deux femmes creusèrent trois trous dans le jardin. En cette période de vacances, personne ne vint les déranger, aucune voisine, aucun milicien, pas même le puisatier qui, une fois par mois, changeait l'eau du bassin. Quand les trous furent assez profonds, elles les tapissèrent chacun d'une bâche de jute puis y introduisirent deux ou trois sacs en plastique, garnis de billets. Puis, elles les rebouchèrent, en prenant soin de replacer dessus toutes les mottes d'herbe et toutes les fleurs déracinées. Le tout fut arrosé et quelques brindilles et feuilles mortes finirent de faire disparaître toute trace de leur passage. Au sixième jour après le *now rouz*, tout l'argent était enterré. Il ne restait plus que quelques milliers d'afghanis, somme dérisoire par les temps qui couraient et facile à dissimuler sous leurs vêtements. Elle leur permettrait de vivre pendant un mois, le temps de quitter la ville.

— Je t'ai pris un billet d'autocar jusqu'à Farah. C'est à cinq heures de route vers le sud. J'y ai une belle-sœur, voici un mot pour elle. Elle t'hébergera et s'occupera de toi jusqu'à ce que j'arrive. N'aie crainte, tout se passera bien. Dans une semaine, je serai auprès de toi.

Quand Bilqis monta dans le vieux véhicule, elle savait qu'elle ne reverrait plus Khadidjeh, comme elle n'avait jamais plus revu personne, d'ailleurs. Elle emportait quelques vêtements, un peu de nourriture, et avait dissimulé l'argent dans un petit sachet qu'elle avait attaché avec une cordelette à même son corps. Elle s'assit entre deux femmes qui ne faisaient que prier et psalmodier. Un homme jouait du ney, un autre du tambourin. Officiellement, c'était interdit par la loi mais tous les voyageurs frappaient dans leurs mains en chantonnant.

Les bourgades défilèrent : Ghaléyé Mir Daoud, Adraskân, Shâhenshâhân... Plus on descendait vers le sud, plus la chaleur envahissait l'habitacle restreint et confiné. Malgré les vitres ouvertes, l'atmosphère devenait en plus en plus pesante. Le chauffeur effectua plusieurs arrêts, parfois en rase campagne, pour permettre aux voyageurs de respirer et de se dégourdir les membres. Les hommes et les femmes allèrent tremper leurs pieds dans le moindre cours d'eau, s'y rafraîchissant le visage et remplissant leurs bouteilles.

Sur le pont de Farah Roud, il y eut un barrage :

— Tout le monde descend ! *Zoudtar*, plus vite ! Les femmes à droite, les hommes en face de moi !

Il y eut une inspection des papiers d'identité, des bagages, des coups furent donnés quand les réponses tardaient à venir, un jeune homme tomba au sol, brutalement frappé. Qui étaient ces gens ? Des policiers ? Des soldats ? Des gendarmes ? Des miliciens ? Des talibans ou d'autres bandits de grand chemin ? Ils ne portaient pas d'uniformes, certaines même étaient nu-pieds. Il y avait trois jeunes et quatre anciens.

— Toi, toi là-bas, et toi, tu restes ici. Toi aussi...

Bilqis était du nombre, ainsi qu'une autre femme. Les six otages choisis furent hissés à bord de trois jeeps qui prirent la route du désert. Rien aux alentours, pas un arbre, pas un champ, pas âme qui vive. Elle tenait son sac sur ses genoux, jetant de temps en temps un coup d'œil vers l'horizon. Mais elle ne voyait rien que du gris, du beige, du brun et du blanc. Le soleil commençait à descendre face à elle. Elle savait donc qu'elle se dirigeait vers l'ouest. Mais où allait-elle ? Qu'y avait-il derrière ces collines et ces montagnes ?

CHAPITRE 10

L'horreur

— *Ist!* On s'arrête!

Celui qui semblait être le chef sauta de son véhicule et leva les bras.

— Les deux femmes, ici! Les hommes, là! Asseyez-vous par terre!

L'homme parlementa avec ses complices et ordonna :

— Tout le monde vide ses sacs, ses colis, les hommes vident leurs poches, plus vite!

Bilqis n'avait que ses vêtements, un peigne, un miroir et un peu de nourriture. Sa voisine ne possédait pas grand-chose non plus mais elle avait une bague à son doigt et des boucles d'oreilles.

— C'est quoi, cette bague? Tu es mariée?

— Elle appartenait à ma mère. Elle me l'a offerte pour mon anniversaire... Je ne suis pas mariée...

— Et ces boucles? As-tu d'autres bijoux? Et toi?

— Non, je n'ai rien d'autre...

— Donne-les-moi, *ya Allah* !

— Mais... mais... je ne...

La crosse du fusil expédia la jeune femme en arrière. Elle se mit à saigner de la bouche. Sa tête avait fortement heurté le sol et elle semblait inanimée.

— Debout ! Plus vite !

Il s'acharna sur elle à coup de pied dans les reins. Devant le manque de réaction de sa victime, le bourreau prit un couteau, trancha les deux lobes des oreilles et s'empara des boucles couvertes de sang. Il tira sur la bague qui ne glissa pas le long du doigt et sectionna la phalange devant Bilqis effarée. Elle retira alors les deux petits rubis que Shokat lui avait offerts et les tendit à l'homme.

— Tu n'as rien d'autre ? Bracelet, bague, broche, collier ?

— C'est tout ce que j'ai.

Du pied, il éparpilla le contenu des sacs, ramassa le miroir qu'il mit dans sa poche et s'empara d'une pomme qu'il croqua.

— Sortez votre argent, tout votre argent !

Les hommes avaient vidé leurs poches et Bilqis avait déposé quelques billets devant elle. Son cœur battait très fort. Elle sentait la petite pochette qu'elle avait dissimulée sous ses vêtements, à même le corps. Elle transpirait à grosses gouttes et avait peur que l'homme ne l'obligeât à se dévêtir.

Un coup de feu claqua soudain, rompant le silence de cette nature torride et désolée. Un homme bascula en arrière et s'affaissa les bras en croix.

— J'ai dit tout votre argent ! Quiconque en dissimulera sera abattu comme un chacal !

Tous les hommes furent fouillés au corps par les autres comparses. Ils avaient quitté leurs vêtements et demeuraient les bras sur leurs têtes, en caleçon et chaussettes pour ceux qui en avaient.

Le butin fut partagé : chaussures, chemises, pâkols, cigarettes, moulins à prières, gommes à mâcher, pantalons, allumettes, mouchoirs...

— Que les vautours vous dévorent, bande de misérables !

Puis, regardant Bilqis qui fixait le sol, il hurla :

— Toi ! Lève-toi ! Tu m'as entendu ? Lève-toi et ramasse tes affaires. Tu viens avec nous.

Puis, les trois véhicules reprirent la route dans un nuage de poussière, laissant le silence retomber sur cette interminable plaine où rien ne poussait, où même le vent était absent.

La jeune femme parvenait à lire lentement les noms des localités que le convoi traversait : Khâké Séfid... Anâr Darreh... Pas le moindre brin d'herbe, juste quelques arbres secs et brûlés, des lits de rivières asséchées, des masures sans âge, des cadavres d'animaux.

C'est alors que les trois jeeps s'arrêtèrent devant un groupe de maisons en torchis, recouvertes de peaux et de tissus. Deux hommes en sortirent, chacun une arme à la main.

— *Salââm !*

— *Aleikes salââm*, Dieu soit avec vous.

— Alors, bonne pêche ?

— Du tout petit poisson, tout petit. Tenez, voilà des vêtements, un peu de nourriture et des afghanis. La chasse sera meilleure demain...

— *Inch Allah !*

— J'oubliais ! Voilà... Comment t'appelles-tu déjà ?

— Bilqis.

— Voilà Bilqis. Elle s'occupera de nous et de nos maisons, comme une femme doit le faire...

La jeune femme resta plantée face à cette dizaine d'hommes hirsutes, mal habillés, la plupart édentés et tous armés, la regardant d'un œil goguenard.

— Au fait, Bilqis, tu es mariée ?

Elle tardait à répondre. L'homme s'énerva :

— Tu réponds ?

— J'ai été mariée.

— Et alors ?

— Mon mari est parti à la guerre... Il n'est plus jamais revenu.

— Tu as des enfants ?

— Non, je n'ai pas d'enfants.

— Et pourquoi n'en as-tu pas ?

— Les soldats sont venus le chercher juste une semaine après notre mariage.

— C'était quand ?

Que dire ? Il fallait répondre vite !

— Quatre, peut-être cinq ans, je ne m'en souviens plus.

— Tu as quel âge ?

— Je ne sais pas exactement... vingt ans, vingt et un peut-être...

— Et où allais-tu comme ça, toute seule dans un autobus ?

Elle avait appris sa réponse par cœur :

— Chez ma tante qui habite à Farah et que je n'ai pas revue depuis longtemps.

L'homme leva soudain la main :

— Ça suffit comme ça ! Va travailler, nous sommes fatigués. Va préparer le dîner, et que ce soit bon !

Les deux premières nuits furent calmes. Bilqis dormait à l'écart des hommes sous un buisson d'épineux, recroquevillée sur elle-même, enveloppée dans une couverture. L'air était glacial et elle savait que des bêtes rôdaient dans les parages. Elle tenait une grosse pierre à la main, en cas d'attaque.

Au troisième matin, deux jeeps prirent la route. Seuls restaient au campement Bilqis, le chef présumé et un vieil homme qui parlait tout seul et riait tout le temps.

— Mâchallah, va chercher du bois mort ! Bilqis, accompagne-le et ramène de l'eau du puits !

Quand ils revinrent, l'homme était toujours en train d'astiquer ses armes. Bilqis n'y connaissait pas grand-chose mais elle remarqua tout de même trois pistolets, un fusil et une arme plus lourde, cachée dans un étui. Dans des boîtes, il y avait des munitions. Mieux valait n'avoir rien vu.

— Viens ici !

La jeune femme approcha et se tint debout, silencieuse.

— Tu vois tout ça ? Tu sais ce que c'est ?

— Non, je ne sais pas ce que c'est.

— Tu n'as aucune idée ?

Elle hésita quelques secondes.

— J'en ai vu autrefois, dans les mains des Shoravis, quand ils sont venus dans mon village. Tous en avaient mais je ne sais pas à quoi ça sert.

L'homme sourit et dit :

— Viens voir, je vais te montrer. Tu vois la pierre là-bas ? Va y mettre deux ou trois boîtes de conserve vides. Aligne-les bien et reviens ici.

Puis elle vit l'homme tendre son bras droit au bout duquel il tenait son pistolet. Il provoqua trois détonations qui l'effrayèrent. Les trois boîtes de conserve sautèrent en l'air et retombèrent plus loin.

— Tu as vu ? Tu as vu ?

— Oui, ça fait du bruit.

— Ça fait du bruit et ça tue ! On tue avec ça, tu comprends ce que je te dis ?

— Oui, je comprends, ça tue.

— Avec ça, je peux tuer qui je veux, quand je veux.

— Pourquoi ?

— Parce que je suis le chef ! Je suis le chef ! Je suis le plus fort ! Quand je veux quelque chose, je le prends, tout de suite.

Bilqis écoutait sans comprendre. Apparemment, c'était un chef mais peut-être aussi un voleur, un bandit, un homme qui aimait faire le mal.

— Viens, on va faire un tour en jeep. Mâchallah, prépare le repas, nous serons revenus dans une heure.

Le véhicule démarra en direction d'une montagne qui se dressait à l'horizon. Des animaux sauvages détalèrent devant eux, quelques rapaces prirent de l'altitude. L'homme et la jeune femme n'échangèrent aucun mot. Puis la route commença à monter, il y eut des passages difficiles, des trous, des pierres, des virages compliqués. La jeep s'arrêta devant une caverne.

— Descends.

Ils pénétrèrent dans la montagne. L'homme marchait devant et tenait à la main la lampe à pétrole qu'il avait récupérée à l'entrée de la grotte. Bilqis ne voyait rien et tomba deux fois. Elle vit sur le sol des boîtes de conserve, des bouteilles, des couvertures.

— C'est là. Viens, approche.

Il l'attrapa avec force et l'attira à elle. Sans qu'il lui ait demandé, elle ôta son tchadri, enleva ses espadrilles et s'étendit.

— Mais tu es une putain, une putain !

Ivre de colère, il se mit à lui assener des coups de pied, dans les reins et dans les jambes. Puis, il s'agenouilla et la frappa brutalement sur le visage et sur la poitrine. Pas un son ne sortit de la bouche de Bilqis, juste quelques soupirs et un long râle. Elle saignait de la bouche. Les yeux grands ouverts, elle le fixait, immobile et résignée.

Une fois calmé, il la prit, telle une bête féroce en rut. Quand son affaire fut terminée, il se releva, ajusta sa chemise et son pantalon, mit son fusil en bandoulière, prit la lampe et la regarda. Bilqis crut sa dernière heure arrivée.

— Fille de chienne, *fâéché*! Tu n'auras qu'à marcher à pied, comme les animaux.

Elle entendit le bruit du moteur s'éloigner. Elle se releva, dépoussiéra ses vêtements, noua ses cheveux, remit son pantalon et boutonna sa chemise. Elle enfila son tchadri, puis ses espadrilles et, à tâtons, se dirigea vers la lumière qui pointait au bout de la caverne. Elle avait emmené avec elle une bouteille vide.

Bilqis suivit la route qui descendait de la montagne. A perte de vue, le désert brun clair s'étendait, sans arbre ni la moindre habitation. L'air était immobile et la chaleur insupportable sous son encombrant vêtement.

Elle vit alors qu'un couple de vautours la surveillait de loin. Elle accéléra le pas, effrayée par ces oiseaux de malheur.

Le soleil était à son zénith. Elle reconnut quelques buissons desséchés qu'elle avait remarqués à l'aller, puis l'arbre mort d'où les rapaces s'étaient envolés. Enfin, au loin, elle vit les masures du campement. Trois véhicules y stationnaient, signe que tout le monde était rentré.

A une centaine de mètres du lieu, elle s'assit sur une grosse pierre et attendit. Un homme finit par la voir.

— Viens manger, qu'est-ce que tu attends ?

Elle resta assise.

— Viens, je te dis. Tu n'as pas faim ?

Elle finit par s'approcher et se mit à manger. Elle ne voulait pas rester parmi ces hommes. Savaient-ils ce qu'il s'était passé ? Peut-être pas. Mais la nouvelle circulerait vite. Elle eut soudain honte. Elle n'était plus dans la maison close de Herat, avec Roshan qui la protégeait, avec ses amies qui offraient leurs charmes aux notables de la ville. Elle était là, seule au milieu de rien du tout, avec des hommes sales, violents, imprévisibles. Certes, il y en avait bien un qui lui adressait la parole plus aimablement que les autres ; il semblait différent aussi, embarrassé par l'arme qu'il portait. Ses compagnons parfois se moquaient de lui mais il ne leur répondait jamais.

Pendant des mois, Bilqis fut assignée à toutes les corvées du campement. En plus de la confection des repas avec la nourriture que les hommes rapportaient de leurs rapines ou de leurs expéditions punitives au-delà des limites de l'horizon, elle cherchait l'eau au puits, tentait de nettoyer cet endroit repoussant du mieux qu'elle le pouvait, secouait les vêtements et les couvertures poussiéreuses. Quand le vent du désert se levait, il y en avait parfois pour deux ou trois jours avant qu'il ne se calme. Tout alors était à recommencer.

Un jour, l'homme timide du groupe, resté avec elle au campement, engagea la conversation. Elle l'écouta sans rien dire et apprit qu'il s'appelait Shir Ali, que le chef se prénommait Babrak, qu'ils se trouvaient dans le désert de Naomid et que tous étaient recherchés pour désertion de l'armée, assassinats, vols et enlèvements.

— Moi, j'ai tué un homme qui voulait me dépouiller. C'était le frère d'un officier. J'ai dû partir au plus vite. Je suis originaire de Khâjeh Dokou, près de Shebergan, plus au nord. On m'a attrapé, j'ai dû tuer une autre fois encore pour m'échapper. Tous ici, nous avons fui quelqu'un ou quelque chose mais nous n'en parlons jamais entre nous. Nous nous sommes rencontrés par hasard. Nous venons de toutes les provinces du pays, il y a même un Iranien, Hormoz, celui qui conduit la jeep verte. On s'entraide, on se respecte, mais gare aux traîtres ! Nous étions une quinzaine autrefois mais nous avons dû en éliminer car ils avaient mis notre vie en danger.

Bilqis était de toutes les corvées mais elle devait en plus soigner les blessés avec des médicaments et des pansements dont elle ne connaissait pas l'usage et qui avaient été volés dans des officines des environs. Terrorisée à l'idée que le chef ne la frappe si elle échouait à guérir les hommes, elle se résigna à nettoyer les plaies, à les panser, à les surveiller, sans mot dire, pendant des mois.

Tous avaient compris que la jeune femme était devenue la « chose » de Babrak et personne n'osait l'approcher ni même lui parler sans autorisation. Régulièrement, il l'emmenait à la caverne de la montagne. D'autres fois, il profitait du fait que le campement était déserté par les hommes partis faire leurs rapines, pour envoyer le fou chercher de l'eau ou du bois et la prendre rapidement. Il la couchait alors sur une couverture, dans la masure où le groupe mangeait les jours de tempête. A chaque fois, l'acte accompli, il lui lançait :

— Tu n'es qu'une putain ! Tu n'es pas digne d'être une femme. *Gom sho !*

Et ce « fous le camp » s'accompagnait d'un violent coup derrière la tête qui faisait basculer Bilqis au milieu des caisses, des armes et de tout ce qui était entreposé là.

— Ramasse, souillon ! Range tout ça en vitesse !

Le campement dormait quand une pétarade retentit, assourdissante. L'attaque fut brève et violente. Une escouade d'une dizaine de soldats, profitant des premiers rayons du soleil, prit à revers les hommes de Babrak et les neutralisa en quelques minutes. Il y eut trois morts parmi les bandits, deux blessés graves, dont le chef, et quelques blessés légers. Bilqis, qui, comme à son habitude, dormait à l'écart des hommes, ne s'était pas retrouvée dans les lignes de tir des militaires. Elle n'avait pas bougé et était restée cachée sous sa couverture. Quand le silence se fit, elle s'assit, terrorisée par ce qu'elle découvrit : elle vit des soldats courant dans tous les sens, des blessés qui criaient, des morts ramassés comme de la marchandise.

— Eh toi, là-bas ! Viens ici !

Tous les regards se tournèrent alors vers la silhouette en tchadri bleu de Bilqis, qui se dressait comme une statue au milieu de nulle part.

— M'as-tu entendu ? Viens ici, plus vite !

Militaires et prisonniers s'étaient figés. Bilqis avançait, face à tous ces fusils, toutes ces mitraillettes et tous ces revolvers braqués sur elle et encore fumants, prêts à tout instant à cracher leur feu.

— Qui es-tu ? Que fais-tu ? D'où viens-tu ?

Le lieutenant parlait lentement, affublé d'un léger bégaiement. Il était glabre, avait les cheveux châtains et les yeux verts.

— Je m'appelle Bilqis, j'ai vingt ans, peut-être plus. Je suis veuve... J'ai été enlevée dans un autobus il y a longtemps, je ne sais pas quand. Je viens de Garm-Ab.

— Tu fais quoi ici avec ces fils de pute ?

— Je prépare les repas, je les soigne, je nettoie, je vais chercher l'eau au puits... Je n'ai pas bougé d'ici depuis plus d'un an...

L'officier désigna deux hommes pour emmener Bilqis à l'écart. Elle entendit des ordres, des bribes de conversation, puis des détonations. Quand elle se retourna, elle vit que tous les hommes de Babrak avaient été exécutés. Elle eut un haut-le-cœur et se reprit aussitôt.

— Tous les fils de pute, qu'ils aillent brûler en enfer ! dit l'un des hommes qui l'entouraient.

Le lieutenant donna ses instructions : on empila les armes, les vêtements et la nourriture dans les trois jeeps, on aspergea le campement d'essence, et on y jeta des grenades qui déclenchèrent une très forte explosion. L'endroit se transforma alors en un énorme brasier dont la fumée voila le soleil. La troupe se retira.

— Je vais te remettre à mon capitaine. Lui seul décidera de ce qu'il convient de faire de toi.

Une heure plus tard, Bilqis arrivait à Farah, capitale provinciale. La circulation y était intense ; les boutiques, les commerces et les *tchâi khâneh* y abondaient.

Le soir venu, elle se retrouva affectée au service de la caserne : fille de salle, cuisinière, bonne à tout faire et fille de joie, selon les désirs et les moyens de la troupe. D'autres filles servaient aussi de souffre-douleur aux militaires. Elles avaient été ramassées dans les campagnes ou les bourgades par cette armée qui combattait les fidèles d'Esmail Khan, en révolte contre les talibans de Kaboul et de Kandahar.

— En nous offrant leurs filles et leurs nièces ou leurs sœurs, nous obligerons peut-être ces salopards de chi'ites à déposer leurs armes et à cesser de nous harceler.

Bilqis ne comprenait pas ce qui se passait. Elle savait ce qu'elle devait faire mais pas à qui elle appartenait. Qui donnait les ordres ? Qui payait ? Qui la protégeait ? Une fille l'informa :

— Je suis ici depuis une demi-année. Huit ou neuf filles sont déjà mortes. On n'a pas su comment, ni tuées par qui. Elles ont très vite été remplacées. Fais bien ton travail, ne refuse rien, ne dis rien, sinon une lame te tranchera la gorge. Ici, pas de coups de feu, juste le couteau. Ma meilleure amie a eu la gorge tranchée pendant son sommeil et c'est moi qui l'ai découverte au matin. Elle reposait tout contre moi. Qu'avait-elle fait ? Elle avait servi un thé pas assez chaud. Elle ne fut pas enterrée mais emmenée par des femmes hors de la ville, pour être dévorée par les bêtes sauvages. Elle n'était pas digne d'être enterrée. C'était une chienne, on la rendait aux chiennes.

Bilqis éprouva de la pitié et une certaine attirance pour cette fille qui s'appelait Palmis et qui semblait elle aussi rechercher sa compagnie. Leur itinéraire était assez similaire : famille nombreuse, père décédé, viols et coups, humiliations.

— Ne nous montrons pas trop souvent ensemble. Le soir, je te garderai une place près de moi. Je te dirai ce qu'il faut faire et ce qui est interdit.

En fait, tout était interdit. Absolument tout. On ne pouvait ni se coucher le soir, ni se lever le matin, sans permission. Il était interdit de manger avant les hommes, de faire sa toilette ou ses ablutions sans leur accord, de sortir des limites du cantonnement. Les filles n'avaient ni le droit de recevoir des visites, ni de se reposer, ni de bavarder entre elles, ni même d'échanger quelques mots avec les marchands qui venaient apporter leurs produits.

— Trois femmes ont tenté de s'enfuir. Elles ont été retrouvées, fouettées devant la troupe et pendues par les pieds jusqu'à ce que mort s'ensuive. J'entends encore leurs cris dans mes oreilles quand elles demandaient à être exécutées pour ne pas souffrir davantage. Le sang qui leur montait à la tête les rendait folles... Et tous ces militaires qui rigolaient... Des heures durant, ces femmes les ont suppliés, en se tordant de douleur. Parfois, elles s'immobilisaient quelques instants, nous laissant croire qu'elles étaient mortes. Je ne souhaite ce martyre à personne...

Palmis devait avoir trente ans environ. Toute sa famille avait été exterminée parce que son mari, son beau-frère, ses cousins et son beau-père avaient pris les armes contre les religieux. Et pour l'exemple, elle et ses trois sœurs avaient été livrées à la soldatesque comme un trophée de guerre.

— Je ne sais pas où sont mes sœurs, ni si elles sont en vie.

Elle se mit à pleurer discrètement ; pleurer aussi était interdit par les élèves en religion. On devait baisser la tête en silence sous les coups. La peine, le chagrin et la douleur étaient prohibés.

— Ma meilleure amie Farkhondeh est morte il y a un mois sous des coups de pied et de barre de fer. Elle hurlait tant elle avait mal mais les trois soldats cognaient en criant des versets du Coran et en lui intimant l'ordre de se taire. Je me rappellerai toujours le bruit que fit son crâne en éclatant et en explosant. On aurait dit comme une grosse noix qui se brisait. On nous a chargées de ramasser son corps et ses restes avec nos mains et de les répandre aux limites de la ville afin de nourrir les vautours et les hyènes. Deux filles se sont senties mal et se sont évanouies. Elles furent également frappées avec férocité.

Bilqis en eut la nausée et, un court instant, tout se mit à tourner autour d'elle. Elle était à genoux, en train de frotter le sol avec une serpillière usée. Elle s'accrocha au bras de Palmis et reprit son labeur.

— C'est Sadegh Mohamad le plus brutal de tous. Tu le reconnaîtras aisément, il n'a qu'un œil et un crochet à la place de la main droite. Même quand les officiers lui disent d'arrêter, il continue de frapper. Il aime ça, ça le fait rire... Mais on ne l'a pas vu depuis quelque temps. Sans doute est-il en mission quelque part... Dès qu'il est là, cela se sent tout de suite, il y a comme un malaise dans l'air...

A Farah, on ne comptait plus les jours, ni les mois. Les étés ressemblaient aux hivers, avec la même chaleur, le même manque de vent, la même poussière omniprésente et une vie quotidienne partagée entre les basses besognes, la cuisine et le plaisir des militaires. Bilqis et une Iranienne du nom de Taj-Banou étaient les plus appréciées car les plus belles, les plus jeunes et les plus dociles. Tout ce que les hommes exigeaient était accompli avec zèle. La plupart des « clients » de Bilqis étaient frustes et illettrés. Ils parlaient peu, ne touchaient pas aux femmes de peur de se salir, ordonnaient qu'un drap ou un vêtement protégeât leur corps et cachât leur visage, insultaient les filles durant l'acte sexuel, les frappant même parfois avant de quitter la pièce. D'autres avaient des fantasmes et des envies qu'il fallait exaucer sans poser de questions, sous peine de se faire molester et repousser d'un violent coup de pied dans la poitrine ou sur la tête. Un seul exigeait la nudité complète de la femme, son épilation totale et sa soumission telle une bête. Il ne faisait rien mais la menaçait avec sa cravache faite de lanières de cuir tressées et terminées par des boules de plomb fixées à l'extrémité.

— Rampe... Rampe encore et lèche-moi les pieds. Relève-toi et demande-moi pardon... Baise mes mains...

La scène durait environ un quart d'heure jusqu'à ce que le corps de la malheureuse soit rougi par les frottements sur le sol, la peau striée par les coups de cravache, les cheveux en désordre lui cachant le visage, les mains et les pieds en sang. Alors seulement, tandis qu'elle était à genoux et lui tournait le dos, il la prenait par l'arrière avec la brutalité d'une bête sauvage et hurlait son plaisir à en faire trembler les murs. Puis, il utilisait les vêtements de la fille pour se nettoyer le corps avec, avant de se rhabiller.

Un beau jour, Sadegh Mohamad refit son apparition. La rumeur qu'il était de retour à la caserne avait circulé depuis quelques heures déjà. Les pensionnaires de ce bordel militaire lavaient draps et chemises au bord de la rivière qui coulait derrière la façade principale de l'établissement pendant que trois militaires les surveillaient, armes en bandoulière. Le silence était de rigueur et le soleil frappait fort. Pas le moindre souffle de vent. Les buissons et les épineux qui bordaient le cours d'eau étaient comme figés pour l'éternité, sans couleur, sans vie. Tout était gris, même l'eau qui coulait, tiède.

— Toi, là-bas, *béké* !

Toutes les filles s'arrêtèrent de laver et se levèrent.

— Viens ici, plus vite !

Les filles se regardèrent, hésitantes, ne sachant pas à qui s'adressait l'ordre.

— Non, pas toi... Ni toi non plus. Toi, là, la grande, avance !

Le cœur de Bilqis se mit à battre très fort. C'est elle qui avait été choisie par Sadegh Mohamad.

— On m'a dit que tu t'appelles Bilqis et que tu viens de Herat. C'est bien vrai ?

— Oui, c'est vrai, je viens de Herat.

— On m'a dit aussi que tu es douée et que les hommes t'apprécient.

Tête baissée, la jeune femme ne répondit rien.

— Tu vas venir avec moi. Suis-moi.

Sadegh Mohamad boitait et cachait sa main mutilée dans une poche. L'homme avait son espace au premier étage du bâtiment qu'il ouvrait avec une clé.

— *Abe miveh biâr, zoud kone !* hurla-t-il.

Quand on lui eut apporté la boisson qu'il souhaitait, il dit à Bilqis :

— Ferme la porte avec la clé.

Elle s'exécuta.

— Tu sais qui je suis ?

— On m'a dit que vous êtes un grand guerrier, un *pahlavân*.

— Tu as raison, je suis un grand guerrier, un champion. J'ai perdu un œil, une main et une partie de ma jambe en me battant mais tu vois, je suis toujours là. Rien ne peut m'arrêter. L'homme qui me tuera n'est pas encore de ce monde.

Et il se mit à rire d'une voix caverneuse et terrifiante.

— Sers-moi à boire ! Fais vite, j'ai soif.

Bilqis était restée debout, face à l'homme qui tenait son verre avec son crochet et une cigarette de sa main valide. Il ne disait rien mais fixait la jeune femme de son seul œil qui bougeait avec une rapidité extraordinaire tandis que l'autre restait fixe. Il s'était assis sur un lit bas.

— Retire ton vêtement que je te voie enfin ! On m'a dit que Dieu t'a créée belle. Je veux te voir.

Bilqis ôta lentement son tchadri, laissant apparaître un pantalon noir en coton et une chemise blanche. Ses longs cheveux retombaient sur ses épaules. Elle ne portait aucun bijou. Quant à son petit sac contenant ses économies, elle l'avait caché sous une dalle de la salle d'eau, protégé par une enveloppe en plastique.

— Retire ta chemise, *ya Allah* ! Je dois donc tout te dire ?

L'homme parcourait le corps qui se dénudait devant lui avec un regard gourmand.

— Le reste aussi...

Une fois nue, Bilqis se figea devant Sadegh Mohamad, les deux mains croisées sur son bas-ventre.

— Tu as honte que tu te caches ainsi ?

Elle avait baissé la tête. Elle ressentait une forte gêne car elle avait le sentiment de se tenir nue devant une bête.

— Approche, mets-toi à genoux... Enlève mon shalwâr... lentement... voilà... Maintenant, mets-toi sur le dos...

Il la dominait. Sa bouche empestait l'ail, son corps la transpiration, elle sentait son cœur battre très fort, ferma les yeux et attendit. Soudain, il y eut un bruit sourd et violent à peu de distance de sa tête ; l'homme avait enfoncé d'un coup sec son crochet dans le cadre en bois du lit. Il remua sur elle, marmonna brièvement une sourate du Coran et la pénétra brutalement. Elle eut mal mais ne broncha pas. Cette séance fut la plus horrible qu'elle eut à subir en tant que femme. Plus il gesticulait, plus elle avait mal. Elle se sentait perforée, déchirée.

— Prends ce linge et mouille-le.

Après de rapides ablutions, elle l'aida à remettre son pantalon et lui tendit son pâkol qui était tombé sur le sol.

— Je ne veux plus que tu t'épiles. Tu m'as compris ? Seulement sous les bras, pas ailleurs. Quand je te reverrai, tu devras avoir des poils... j'aime ça, les poils...

Il rota, rendit grâces au Seigneur et quitta les lieux en refermant la porte à clé.

Elle ne le revit plus pendant un mois. Quand il la convoqua une nouvelle fois, il lui demanda :

— Alors, ça a repoussé ?

— Un peu, pas beaucoup.

— Montre-moi ça, plus vite !

Bilqis s'exécuta. Un léger duvet avait poussé sur son bas-ventre. L'homme y passa la main et la retira.

— Par la barbe du prophète, c'est encore plus dur, comme un rasoir... Mets-toi à genoux, tu me donneras du plaisir différemment cette fois-ci.

Tout y passa durant une heure ; l'homme n'était jamais satisfait, ni avec les mains de la jeune femme, ni avec ses lèvres, ni même avec son postérieur. Jamais encore elle n'avait dû se soumettre à une telle humiliation, jamais encore son corps ne l'avait fait tant souffrir. Elle ne savait plus ce qu'elle faisait, n'entendait plus les ordres de Sadegh Mohamad qui lui donnait un coup de crochet sur la tête ou sur l'épaule chaque fois qu'il n'était pas rassasié.

Quand Palmis récupéra Bilqis cette fois-là, elle ne parvint même pas à l'asseoir sur sa couche. Elle avait un œil au beurre noir, saignait de la tête et de la bouche, et son bas-ventre n'était plus qu'une plaie rougeâtre que Palmis tenta du mieux qu'elle put de nettoyer et soigner malgré les hurlements de douleur de Bilqis. Un infirmier lui donna une potion, puis vint une femme médecin qui l'ausculta et décréta qu'elle avait besoin d'un long repos. Elle eut droit alors à des soins quotidiens, à d'autres médicaments et une semaine plus tard, elle fut à nouveau sur pied. Il lui fut néanmoins interdit d'approcher un homme à moins de cinq mètres, ce qui voulait tout simplement dire : pas de relation sexuelle. Elle fut donc essentiellement employée aux cuisines, à la lessive et au nettoyage des salles.

Un jour, Sadegh Mohamad disparut et la nouvelle de sa mort fit aussitôt le tour du cantonnement. Palmis n'en croyait pas un mot :

— Une bête comme lui, ça ne meurt jamais, même si on la pend, même si on la décapite... Je sais qu'il est vivant...

Bilqis se remettait lentement de ses blessures mais ses intestins ne fonctionnaient toujours pas normalement. Tout son corps inférieur la faisait souffrir et la brûlait atrocement. Même ses lavages intimes étaient un supplice.

— J'ai un plan, lui dit un soir d'été son amie Palmis. Je te le dirai bientôt, quand tout sera réglé...

Les mois avaient passé et Bilqis se remettait lentement de ses blessures. Son bourreau avait bel et bien disparu, les autres soldats et les étudiants en théologie ne la regardaient pas. Elle frôlait les murs pour éviter leurs regards ou leurs insultes, faisait son travail avec application et servait même le colonel dans ses quartiers.

Nommé depuis trois mois, ce *loa misher* avait la voix douce, au contraire de ses hommes. Jamais il ne lui adressait la parole. Bilqis entrait seule dans son bureau, le saluait, et servait le repas qu'il partageait parfois avec d'autres officiers.

Tous ces mauvais traitements avaient fini par considérablement modifier l'apparence physique de la jeune femme. Quand elle était seule, elle s'arrêtait devant un miroir, entrouvrait furtivement son voile et se regardait sans se reconnaître : ses traits avaient durci, de petites rides étaient apparues autour de ses yeux et sur ses joues, ses mains étaient devenues calleuses et ses pieds avaient enflé. Elle savait qu'elle avait perdu sa jeunesse et qu'elle n'améliorerait pas sa condition, comme elle avait toujours su qu'elle ne se marierait jamais et n'aurait pas d'enfant. Elle ne pensait plus à Garm-Ab ni à ses frères et sœurs. Tout était oublié, enfoui... Homa, Shokat, Roshan, Khadidjeh, Herat...

— Nous allons partir, je ne peux plus rester ici.

Bilqis ouvrit grands les yeux.

— Partir ? Mais partir où ? Et comment ?

— Ne t'inquiète pas, je me suis occupée de tout. Il faut faire vite... J'ai appris que Sadegh

Mohamad est toujours en vie et qu'il va bientôt revenir... Il a été blessé et a perdu ses deux jambes...

Le cœur de la jeune femme fit un bond dans sa poitrine. Elle ne pouvait pas revoir cet homme, elle ne devait pas croiser sa route.

Et pourtant, cela se produisit. L'homme eut droit à des félicitations officielles pour faits de bravoure et héroïsme. Il y eut de la musique, un discours, la remise d'une décoration et des photographies. Bilqis s'était terrée toute la journée dans un entrepôt où étaient conservés les aliments. Palmis vint la prévenir que Sadegh Mohamad avait été conduit dans la salle des officiers pour y honorer le repas du soir. Puis, elle revint deux heures plus tard pour lui annoncer que des hommes le transportaient dans sa chambre pour la nuit.

Repliée sur elle-même, incapable de répondre ou de questionner son amie, Bilqis tremblait de peur.

Elle fut tirée de sa torpeur par un ordre court et précis :

— Toi, là. Lève-toi et suis-moi !

Palmis aida Bilqis à se lever.

— Tu ne sais pas te lever toute seule ? Debout et suis-moi !

A petits pas, tel un automate, elle marcha derrière l'homme qui montait au premier étage.

— Monte plus vite, le chef n'aime pas attendre.

Elle reconnut la porte et la voix qui hurla derrière « entrez ». Elle se retrouva seule alors face à son bourreau.

CHAPITRE 11

Recherchée

Deux lampes à pétrole éclairaient la pièce. L'homme était nu-tête, en chemise et pantalon. Il avait retiré son pâkol, se tenait assis sur son lit et buvait du thé. Un *tchélâm* était allumé et lui permettait, entre deux lampées, d'aspirer son tabac à travers sa pipe à eau. Sur une table basse, à portée de main, étaient posés un gros pistolet et un poignard. Et, appuyés contre le mur, un fusil et deux béquilles.

— Comme on se retrouve. Avance...

Bilqis fit un pas, puis un second.

— Avance encore, n'aie pas peur... Ce n'est que moi. Tu ne me reconnais plus ? C'est vrai que la guerre laisse des traces...

C'est alors qu'elle remarqua qu'un bandeau lui parcourait le front et lui dissimulait son œil de verre.

— Je vois que tu es en bonne santé... J'ai appris que tu as été bien sage durant mon absence, qu'aucun homme ne t'a approchée, que tu m'es restée fidèle... C'est bien.

Il lui tendit la main et elle fit encore un pas, glacée de terreur. Elle revit en quelques secondes les images de leur précédente entrevue, des souffrances qu'elle avait endurées ensuite, de son corps meurtri et abîmé.

— Alors, qu'est-ce que tu attends ? Tu vois bien que je ne peux pas bouger !

Elle essaya d'avancer mais n'y parvint pas. Le ton monta :

— Je vais me fâcher... Et quand je suis en colère, même la main de Dieu ne peut pas m'arrêter.

Tout en la regardant fixement, il s'empara de son arme de poing et se mit à jouer avec.

— Viens ici, tout contre moi, que je puisse te toucher, te caresser, comme l'autre fois...

Et avec son arme, il indiqua à la jeune femme où elle devait s'asseoir. Bilqis avança à pas hésitants, comme si elle allait tomber.

— Ote ton tchadri, viens. Voilà, assieds-toi...

Avec son pistolet, il lui toucha l'avant-bras, puis remonta le long de sa poitrine, de sa gorge et de son menton. Il passa ensuite l'arme sur ses lèvres et dit :

— Tu vois, bang, bang ! et tu n'es plus là ! Ta tête explose, elle éclate et se répand sur les murs et le plafond. Pffttt... C'est dégoûtant ! Un si beau visage... Tu ne voudrais quand même pas que je fasse ça, dis ? Allez, finis de plaisanter ! Verse-moi du *tchâi* et déshabille-toi, *ya Allah*, plus vite !

Sans jeter un œil sur le monstre qui la dévorait du regard, elle retira son *pirâhan*, puis son pantalon de coton. L'homme se coucha sur le dos, ouvrit son ceinturon et fit glisser son *shalwâr* le long de son gros ventre poilu.

— Couche-toi sur moi, fais comme autrefois... Tu le fais si bien...

Sadegh Mohamad sentait toujours aussi fort l'ail et il souriait de toutes ses dents jaunes et grises. Soudain, son regard marqua la surprise. Il se figea et devint interrogateur. Il eut un sursaut, tenta d'agripper Bilqis par la gorge, mais plus il bougeait, plus elle lui enfonçait le poignard dans le ventre, le tournant et le retournant dans ses intestins. Son regard devint vitreux, ses mains s'ouvrirent, laissant choir son pistolet. Bilqis se redressa, couverte de sang. Elle prit alors le drap qui recouvrait le lit et s'essuya avec mais rien n'y fit tant le sang collait à sa peau. Elle versa le contenu du broc d'eau dans l'écuelle et fit une toilette succincte. Elle courut ensuite vers la porte et donna un tour de clé tout doucement, en tendant l'oreille. Pas un bruit ne se faisait entendre dans le couloir, les gardiens devaient dormir. Elle se rhabilla et mit un peu d'ordre dans la chambre. Elle installa une couverture sur le corps de l'homme mort, son unique œil ouvert. Elle eut peur car il la fixait toujours. Alors, méthodiquement, elle lui enfonça le poignard dans les deux yeux avant de lui trancher la gorge. Le sang se déversa sur l'oreiller, le matelas et le sol. Puis, sans se retourner, elle alla à la porte et l'ouvrit, en retira la clé et referma de l'extérieur. Elle descendit sans se faire remarquer et regagna sa cellule pour se glisser aux côtés de Palmis qui dormait.

— Réveille-toi, c'est moi. Je suis revenue.

— Alors, que s'est-il passé ? Il t'a violentée à nouveau ?

— Non, il n'en a pas eu le temps... Je... je...

— Comment ça, il n'en a pas eu le temps ? Que veux-tu dire ?

— Je l'ai tué avec son poignard. Je lui ai tranché la gorge et crevé les yeux.

Palmis écouta le récit de son amie et les deux femmes parlèrent longtemps. Leur plan d'évasion tombait à l'eau, elles devaient fuir avant l'aube.

— J'ai pris son pistolet et son poignard, ça peut toujours servir... Et puis, il faut aller chercher l'argent sous la dalle...

Aux premières lueurs du jour, deux ombres se glissèrent dans la cuisine. L'argent fut déterré et le samovar allumé car la garnison allait se réveiller dans une heure. Elles profiteraient des visites que les mères et les épouses faisaient tous les jours à leurs fils et maris prisonniers de la forteresse pour se glisser au-dehors. Elles connaissaient tous les coins de la bâtisse et avaient décidé de sortir l'une après l'autre, à un quart d'heure d'intervalle. Palmis franchirait le portail la première, un paquet de linge sur la tête. Bilqis ferait de même pendant la première relève de la garde, un moment où la surveillance se relâche.

Les deux femmes avançaient d'un pas rapide, leur ballot sur la tête. Dans une ruelle, elles posèrent le linge sur un muret et filèrent sans être vues. L'aînée connaissait un peu la ville. C'était un lieu de passage vers l'Iran et le commerce y était très actif. Des dizaines de camions la traversaient tous les jours, surchargés de marchandises et d'une population hétéroclite composée d'Iraniens, d'Arabes, d'Ouzbeks, de Tadjiks, de commerçants zoroastriens et baloutches.

Elles savaient qu'elles étaient en danger dans la cité. Pour ne pas se faire remarquer, elles pénétrèrent dans une mosquée de quartier et s'assirent dans un coin sombre. D'autres femmes y priaient.

— Il n'est pas question de rester ici. Nous allons prendre un autocar et partir vers l'Iran. Il y a des dizaines de personnes qui quittent le pays tous les jours, nous allons nous glisser parmi elles.

— Mais les routes sont surveillées ! On va nous chercher... A l'heure qu'il est, on aura sûrement déjà trouvé ce gros porc...

Elles entendirent des bruits de sirènes à l'extérieur. Etait-ce la police ? Une ambulance ? Elles devaient redoubler de prudence.

— Quand le soir tombera, nous nous mêlerons à la foule et nous nous dirigerons vers la gare routière. Je sais où elle est.

Quand elles sortirent de la mosquée, la ville était en ébullition. Le crime avait été découvert. Des voitures sillonnaient les rues, des haut-parleurs informaient du lâche assassinat d'un héros national, on recherchait deux femmes dont un vague signalement était donné.

— Si on se cachait dans un camion... Si on payait un passeur ?

Elles finirent par grimper dans un vieux bus, en évitant de s'asseoir l'une à côté de l'autre. Elles n'attirèrent l'attention ni du chauffeur, ni de son assistant qui vendait les billets. Aucun militaire ni milicien ne contrôla les voyageurs.

La lune s'était levée depuis une heure quand l'engin se mit en marche.

Il était surchargé et eut du mal à grimper le col qui mène à Now Deh. Puis la longue route asphaltée qui traverse le désert entre Takhté Bâlâ et Lâshé Jovein fut parcourue à grande vitesse et sans encombre. Plus on approchait de la frontière iranienne, plus les patrouilles étaient nombreuses et les contrôles fréquents.

Il y eut un arrêt plus long que les autres au lieu dit Samur. Un sergent monta à bord du véhicule et hurla :

— Tous les hommes de plus de quinze ans et de moins de soixante-cinq ans descendent ! Fin du voyage !

Trois personnes se levèrent, emportant avec elles un modeste paquetage. Bilqis jeta un furtif coup d'œil à Palmis qui lui adressa en retour un timide sourire.

— Il n'y a plus d'hommes à bord ? Je monte contrôler...

Puis, il y eut une bousculade, une bagarre, des cris et des coups. Une femme en tchadri fut extraite brutalement de l'autobus et deux femmes furent choisies pour la contrôler et la palper.

— C'est un garçon, chef, dit l'une d'elles.

— Ce n'est pas une femme ! dit l'autre.

Trois soldats furent alors désignés. L'homme,qui devait avoir environ vingt ans, fut dépouillé de son vêtement féminin et placé devant un mur. Une salve retentit, son corps tomba et le sergent remonta à bord du véhicule.

— Y a-t-il encore des hommes à bord ? Dernière demande !

Un adolescent se leva.

— Moi, chef, dit une voix fluette.

— Quel âge as-tu ?

— Treize ou quatorze ans.

— Pas plus, tu en es certain ?

Une femme se dressa.

— C'est mon fils, Gholam Ali. Il est né il y a très précisément treize ans et huit mois, à Rowzanak, province de Herat. Voici nos pièces d'identité.

L'homme se pencha sur les papiers et regarda l'adolescent. Visiblement, il ne savait pas lire car il tenait les papiers à l'envers. Mieux valait ne pas le lui faire remarquer.

— Tu rases ta barbe ?

— Je n'ai pas de barbe, chef.

— Et ça, qu'est-ce que c'est ?

— C'est un peu de moustache qui pousse... Mais je n'ai jamais eu de poil au menton !

Le militaire passa sa main sur le visage de Gholam Ali.

— Tu as de la chance. Tiens-toi prêt ! Tu me retrouveras sur ta route dans une année.

Tout le reste des voyageurs étaient des femmes, mis à part deux vieillards édentés qui somnolaient dans un coin.

L'engin redémarra enfin. Il quitta la route principale, tourna à droite et emprunta une piste cahoteuse et non goudronnée. Sous un soleil de plomb, l'autobus peinait à avancer. Le moteur fumait, un bébé pleurait. Il y eut une halte au milieu de nulle part, à un point d'eau que seul le chauffeur connaissait. Une demi-heure plus tard, le voyage reprenait. Et en fin d'après-midi, un village de toile apparut aux yeux des arrivants.

— Tout le monde descend ! Prenez vos affaires avec vous et venez vous mettre en rang. Les hommes par ici, les femmes de ce côté.

Pour la première fois depuis leur départ précipité de Farah, Bilqis et Palmis se mirent l'une à côté de l'autre. Un gradé sortit de sous une des tentes. Il passa en revue la vingtaine de voyageurs, dit quelques mots à l'oreille de l'un de ses adjoints et s'adressa aux arrivants :

— Ici, c'est la fin du voyage. Ici, c'est encore l'Afghanistan, nous sommes chez nous. A moins qu'il y ait parmi vous des étrangers, tous les Afghans sont interdits de sortie du pays. Vous n'avez certainement aucun passeport ou document vous permettant de voyager. Vous êtes donc en défaut. Je pourrais vous punir et vous renvoyer chez vous, je pourrais vous faire fouetter, que sais-je encore...

Tout en parlant, il frappait le creux de sa main avec une sorte de cravache.

— Ce lieu où nous sommes n'a pas de nom. Il n'est inscrit sur aucune carte, personne ne le connaît. D'ici, personne ne s'est échappé. Il n'y a que du sable, du désert, de l'eau morte, des marécages, des serpents et des animaux sauvages. Et si, par chance, l'un ou l'autre parmi vous arrivait à nous fausser compagnie, soit il mourrait de soif dans le désert, soit une patrouille le retrouverait, soit encore, s'il prend la mauvaise direction, les Iraniens le renverront. Ici, selon le travail que vous effectuerez, vous serez logés et nourris.

Bilqis et Palmis furent installées sous une tente avec quatre autres femmes plus âgées et qui paraissaient épuisées. Il n'y avait ni paillasse, ni couverture, rien. Tout le monde eut droit à un bol de riz, un morceau de pain et une grappe de raisin. Les deux jeunes femmes se blottirent l'une contre l'autre et s'endormirent rapidement.

— Debout, debout !

Le soleil frappait déjà fort. A perte de vue se dressaient des tentes blanches et grises. Des enfants couraient dans tous les sens, des femmes vaquaient à leurs occupations, des vieillards conversaient. Tous les hommes étaient à la guerre.

Palmis fut la première à réagir :

— C'est mort un village sans homme. Tous ces vieux, on les dirait aussi morts. Et ces femmes qui se croient déjà veuves, qui ne parlent à personne, qui filent comme des ombres...

Mais Bilqis fut tirée de ses réflexions par un ordre qui fusa :

— Hé, vous deux là-bas, que faites-vous ?

L'homme était grand. Il était du Nord. Les yeux bridés, le teint cuivré, la barbe peu fournie et le pâkol rejeté vers l'arrière, il avait un étrange regard de rapace. Il souriait presque.

— Qui êtes-vous ? Je ne vous connais pas, je ne vous ai jamais vues.

Palmis regarda Bilqis qui la regarda à son tour.

— Nous sommes arrivées hier soir avec un groupe de femmes et de vieillards. Nous venons de Farah. Nous... nous...

— Et vous voulez vous enfuir vers l'Iran, c'est bien ça ?

— Nous voulons rejoindre une parente qui est installée à Zabol, du côté iranien. Nous ne voulions pas nous enfuir, nous avons acheté notre billet d'autobus.

— Et comment s'appelle cette prétendue parente ?

— C'est une tante, elle s'appelle Maryam Khânoum.

Pendant que Palmis tentait de se justifier, l'homme ne cessait de regarder Bilqis, de la scruter de haut en bas. Il souriait toujours, secouant la tête avec scepticisme.

Soudain, la jeune femme eut un doute. Et si cet homme était un ancien client de la maison close d'Herat ? Tant de personnes y étaient entrées et sorties chaque jour ! Si elle avait été reconnue, cela allait se savoir... Mais non, cela ne se pouvait. Depuis son arrivée dans ce camp, elle n'avait cessé de porter son voile et personne n'avait encore vu son visage.

Rahmanollah était originaire de Kunduz, dans le nord du pays. Au fil des semaines, puis des mois, il avait pris l'habitude de bavarder avec les deux femmes. Elles lui lavaient son linge, le tenaient au courant des mille et une rumeurs du camp, et obtenaient ainsi de lui certaines faveurs comme une meilleure alimentation, le droit de circuler un peu partout, d'assister à des cours du soir. Un jour, pourtant, il leur dit :

— Je vous ai à l'œil et je sais très bien ce qui se passe dans vos têtes. Mais vous ne pourrez jamais vous enfuir vers l'ouest car, non seulement, il y a des marécages, mais aussi des milliers de mines, enfouies dans le sol. Il serait stupide de se blesser ou de mourir alors que l'on pourrait s'arranger autrement...

Elles n'avaient pas immédiatement compris le sens de cette phrase, prononcée par leur gardien. Ce ne fut que quelques jours plus tard que Bilqis dit à son amie :

— Tu te souviens de ce que Rahmanollah nous a dit l'autre jour ?

— Il dit tant de choses, qu'a-t-il dit ?

— Quelque chose comme : il serait dommage de vous blesser ou de vous faire tuer alors qu'il y a un autre chemin... Non, pas ça... il a dit alors qu'on pourrait s'arranger. Tu ne te souviens pas ?

— Pas exactement, mais je te crois.

— J'en suis certaine. Tu veux que je lui en parle ?

— Non, laisse-le faire une proposition, s'il en a une. J'ai vu de drôles de types parler avec lui l'autre jour. Ils n'avaient pas l'air d'Afghans, mais plutôt d'étrangers qui allaient et venaient et semblaient rigoler avec lui et d'autres gardiens. Ne dis rien, écoute et tends l'oreille.

Il était en effet impossible de s'évader. En une année, une dizaine de personnes avaient été reprises et fusillées pour l'exemple. Une autre dizaine avait disparu dans le désert hostile et dangereux et plus personne ne les avait revues. Il y avait aussi eu une bagarre au couteau et deux explosions lointaines, provoquées par des mines. Et toutes les nuits, les hurlements d'animaux sauvages dissuadaient les plus téméraires de tenter quoi que ce soit.

— Vous avez entendu ce grand boom la nuit dernière ? C'est un couple de la tente 47, celle que vous voyez là-bas, avec des gens qui tournent autour. Ils ont marché sur une mine et ils ont été tués sur le coup. Je leur avais pourtant bien dit d'attendre, qu'il y aurait des possibilités bientôt, mais ils ne m'ont pas écouté.

Palmis questionna :

— Vous parlez de possibilités. Qu'entendez-vous par là ?

Rahmanollah sourit et répondit, sans lâcher le morceau de bois qu'il taillait avec son poignard :

— J'ai dit possibilités ? Ah oui, il y a en effet des moyens moins dangereux de se rendre là-bas, chez ces gens d'en face...

Les deux femmes ne dirent rien, elles attendaient la suite.

— Les Iraniens sont des trafiquants. Ils font de la contrebande avec certains bandits de chez nous. Tout est bon pour faire de l'argent : nourriture, médicaments, vêtements, armes, drogue, pierres précieuses, pièces détachées de voitures ou de motocyclettes, personnes humaines... Ils connaissent les chemins et les routes par où passer, là où il n'y a pas de douaniers ni de mines. Vous voyez ce que je veux dire ?

Il y avait donc une possibilité de fuite hors du pays. Mais il fallait certainement payer les passeurs et les trafiquants. Contre quelles garanties d'arriver saines et sauves en Iran ? Bilqis avait toujours son argent sur elle mais n'en avait jamais communiqué le montant exact à Palmis. Certes, elle lui faisait confiance, depuis le temps qu'elles erraient ensemble, mais quelques doutes subsistaient. Et à quelques kilomètres d'une éventuelle liberté, elle ne voulait pas tout ruiner par un manque d'attention ou un relâchement.

— Et s'il fallait lui donner satisfaction comme aux soldats à Farah ? Te sens-tu assez de force pour être salie encore une fois... par Rahmanollah, et ceux d'en face aussi, peut-être...

Bilqis ne répondit pas tout de suite. Certes, ses plaies avaient cicatrisé et, en principe, elle allait bien. Mais elle ne savait pas comment elle se comporterait si un homme la prenait encore de force.

— J'y ai souvent pensé et je n'ai pas encore trouvé de réponse. Nous sommes seules et on nous prend pour des veuves sans enfant. Donc, pour ces gens-là, nous sommes des femmes libres et sans protection, des proies faciles en quelque sorte...

— Je suis prête à me donner toute seule pour éviter que tes blessures ne s'ouvrent à nouveau. Mais j'ai aussi constaté que Rahmanollah te regarde beaucoup, du moins, plus que moi. A-t-il vu ton visage ?

— Deux ou trois fois, quand je lavais le linge à la rivière. Il m'a surprise et s'est mis à rire. Il a seulement dit : dommage que tu nous caches tout ça !

— Je pense qu'il trafique avec les Iraniens. Laissons-le faire des propositions et taisons-nous pour l'instant.

Puis tout alla très vite. Rahmanollah et un de ses collègues s'arrêtèrent quelques jours plus tard devant la tente des deux femmes :

— Etes-vous prêtes pour partir cette nuit

éventuellement ? Il y a une possibilité de passage. Mais pour cela, il faut payer. Ces gens-là veulent être payés.

— Mais combien faut-il leur donner ? Nous n'avons presque rien... Ni bijou, ni montre, rien... juste quelques afghanis...

Quelques milliers d'afghanis suffirent à la transaction. Et par une nuit sans lune, des ombres allèrent et vinrent. Bilqis et Palmis n'étaient pas les seules candidates à l'exil : six autres femmes se joignirent à elles. En silence, les huit femmes marchèrent pendant deux heures sur une piste sablonneuse, portant leurs maigres balluchons. Puis, le petit groupe fut installé à bord d'une camionnette. La route était difficile et tortueuse, et personne ne parlait. Les femmes étaient blotties l'une contre l'autre, surveillées par deux hommes en armes et affublés de turbans noirs ou blancs. L'aube était glaciale quand l'engin s'arrêta enfin devant une masure. Tout le monde descendit et du thé chaud fut servi aux hommes comme aux femmes.

— Bienvenue, vous êtes désormais en Iran. Vous en avez terminé avec la terreur des talibans. Ici, c'est la liberté. *Khosh âmadid.*

Les femmes furent séparées : les jeunes sous une tente, les plus âgées sous une autre. Quand la nuit fut tombée, les nouvelles arrivantes partagèrent un nouveau repas. Puis, il y eut une réunion dans une maison de brique et de torchis. Un homme s'avança, une sorte de moine-soldat, la quarantaine environ, entouré de deux adolescents en armes, le turban sur la tête.

— Vous comprenez toutes notre langue ? Levez la main.

A une exception près, elles comprenaient toutes le persan, proche du dâri afghan.

— Je parlerai lentement pour bien me faire comprendre.

Pendant une heure, l'homme expliqua aux Afghanes qu'elles étaient en Iran par leur seule volonté et grâce aux risques pris par lui-même et ses hommes. Il les avait achetées aux passeurs afghans et elles devaient désormais rembourser leurs dettes. Rembourser comment, elles qui n'avaient plus rien ?

— Les plus anciennes d'entre vous seront affectées aux tâches domestiques et aux travaux des champs. Vous nous servirez, vous laverez notre linge et vous ferez la cuisine. Les plus jeunes seront plus précisément destinées aux besoins des hommes. Me suis-je bien fait comprendre ?

Une jeune femme s'évanouit et entra en transe. Bilqis et Palmis se portèrent à son secours.

— Je suis une vierge encore, je n'ai jamais connu d'hommes... je suis fiancée au pays, ce n'est pas possible...

Mais rien n'y fit. Soit elle se soumettait, soit elle était renvoyée chez elle, avec tous les risques que cela comportait.

— Restons ensemble, j'ai peur que le pire soit à venir... Ne nous séparons pas, c'est plus prudent.

Le répit ne dura qu'une semaine. Les femmes étaient installées dans un inconfort total, sous la surveillance d'une dizaine d'hommes qui rigolaient entre eux, parlementaient et parfois leur jetaient des pierres. Puis, un jour, d'autres hommes arrivèrent, qui installèrent d'autres tentes, plus grandes et toutes neuves. Une femme semblait jouer un rôle essentiel dans l'organisation : elle portait du linge, fit installer des matelas, compta des couvertures, ordonna le remplissage de brocs d'eau. Elle avait sa propre tente, avec une table et une chaise, et elle tenait un registre. Tout était en place, un bordel venait d'être aménagé.

Elle s'adressa alors en dâri aux femmes afghanes :

— Je suis afghane, comme vous. Je vis ici depuis deux ans et je m'occupe de mes sœurs dans la détresse. Nous sommes toutes veuves, orphelines, répudiées, divorcées ou délaissées. Dieu nous met une fois de plus à l'épreuve. Soyez courageuses et que le Tout-Puissant vous protège.

La femme choisit des volontaires pour les premiers clients, Palmis et Bilqis se sacrifièrent. Au moment où cette dernière allait se soumettre aux désirs d'un vieil homme lubrique et édenté, un hurlement déchira l'air de la vallée. Tout le monde se précipita vers un rocher qui surplombait la plaine : la jeune vierge s'était lancée dans le vide et gisait dix mètres en contrebas, le corps fracassé.

Palmis et Bilqis se serrèrent l'une contre l'autre, effrayées par le spectacle qu'elles avaient sous les yeux.

— Reprenez votre travail, *ya Allah* ! Quatre hommes pour creuser une fosse ! Enterrez-moi au plus vite cette chienne ! J'ai désormais une fille de moins, il faudra travailler plus.

Un barrage était en construction sur le fleuve tout proche, le Farah Roud, qui devait réguler l'eau du lac Sabéri. Cinq cents hommes au moins, des Iraniens, mais également des Afghans, des Pakistanais, des Turkmènes et des Arabes, travaillaient sur le site et, pour toutes distractions, pouvaient nager, jouer au ballon et fréquenter les femmes de mauvaise vie, que l'on appelait *kharâb* dans cette région, quand l'opportunité se présentait.

Hamid Homayounfar était un ancien ouvrier

du chantier qui avait tout de suite compris qu'il pouvait se faire beaucoup d'argent en apportant des prostituées à ces hommes du bout du monde. Il avait organisé une filière avec l'Afghanistan voisin en achetant des femmes contre des denrées ou des médicaments. Et, au bout d'une année, il possédait un camion, quelques tentes et un embryon d'organisation qui lui permettait, avec quelques femmes dévouées et une vingtaine d'hommes déterminés, de corrompre les douaniers des deux pays, de payer une dîme aux policiers de la province de Zâbol censés veiller à l'ordre public, de verser une obole aux gendarmes locaux et de fournir gracieusement quelques belles Afghanes à certains chefs religieux avides de belles étrangères.

Contrebandier, trafiquant, chef de gang ne dédaignant pas le coup de feu si nécessaire, Hamid Khan, comme l'appelaient ses hommes, roulait en 4 × 4, suivi de deux jeeps, avait table ouverte dans toutes les gargotes et *tchâi khâneh* des environs, et était toujours le premier servi quand un arrivage de choix de jeunes Afghanes lui était proposé. C'était lui qui faisait le tri, emmenant les femmes par groupes de huit ou dix, après avoir graissé les pattes des uns et soudoyé les autres. Bientôt, il eut quatre camps de plaisir dans la région, soit une cinquantaine de femmes soumises et obéissantes. Les rebelles étaient cravachées jusqu'au sang devant tout le camp et trois furent pendues pour tentative de fuite et d'agression d'un gardien avec un couteau. Deux avaient mis fin à leurs jours.

Un jour, un haut dignitaire religieux traversa la région. Haj Hassan Mohtachémi avait le titre de *hojatoleslâm*. Ses prêches étaient célèbres dans toute la province, ses colères aussi. Il avait autrefois organisé des dizaines de lapidations de femmes infidèles sur les places publiques des villages, recevant même les félicitations de l'ayatollah Khomeiny pour son zèle et sa dévotion. Il fut invité dans la capitale iranienne pour le dixième anniversaire de la chute de la monarchie et y fut photographié avec le guide spirituel de la nation. Ce petit mollah de province s'était autoproclamé *hojatoleslâm* et personne n'avait à y redire.

— Votre Eminence souhaiterait-elle prendre quelque repos ? proposa Hamid Homayounfar.

— Trouve-moi de la compagnie. As-tu une vierge ?

Hamid n'en avait pas. Il le regretta.

— Par contre, j'ai une très belle et jeune Afghane d'à peine vingt ans avec des yeux comme des émeraudes...

— Apporte, *biâr*.

Quelques instants plus tard, Bilqis était introduite sous la tente. L'homme buvait du thé et dégustait des pâtisseries. Il regarda la jeune femme en silence puis s'adressa à Hamid :

— *Tchand hast*, combien c'est ?

— Mais pour vous, Eminence, certainement rien... absolument rien.

— Tu ne m'as pas compris, je veux te la racheter. Combien ?

L'homme était interloqué. Que répondre sans l'offenser ?

— Eminence, tout ce que je possède vous appartient. Servez-vous, c'est un grand honneur pour moi.

Le religieux faisait tourner son moulin à prières avec une extrême dextérité entre ses gros doigts.

— Je te répète, combien ?

Hamid était de plus en plus embarrassé. Il regarda le *hojatoleslâm*, ses deux adjoints, puis à nouveau le gros homme qui attendait une réponse.

— Votre prix sera le mien, Eminence.

— Combien l'as-tu achetée ? Combien as-tu acheté toutes ces femmes qui sont ici et ailleurs ?

— Elles erraient sur les routes, je les ai recueillies... Elles vivent ici depuis...

— Tu veux que je te dise d'où elles viennent et par quels chemins elles sont arrivées jusqu'ici ? Qui sont tes fournisseurs de l'autre côté de la frontière... Je sais tout ça, le préfet sait tout ça, le commandement militaire aussi, d'ailleurs.

Après une demi-heure de palabres et plusieurs autres verres de thé, Haj Hassan Mohtashémi repartit pour Zabol avec Bilqis, Palmis étant trop âgée aux yeux du prélat. La séparation entre les deux femmes fut douloureuse.

— Ne m'oublie pas, prie pour moi...

— Je le ferai. On se reverra, je te le promets.

A la tombée du jour, le véhicule du religieux pénétra dans Zabol. Bilqis s'était assoupie, l'arrêt du moteur la réveilla. Elle se redressa et regarda autour d'elle : la rue était éclairée, des hommes poussaient des charrettes de fruits et de légumes, des femmes faisaient des emplettes, des gamins couraient.

— Sors de là, on est arrivés. Plus vite !

Elle passa sous un porche, traversa un jardin, puis un autre, et se retrouva devant une maison basse aux rideaux tirés, deux femmes attendant sur le perron. Elles se courbèrent au passage de l'ecclésiastique et jetèrent un regard méprisant sur Bilqis, toujours protégée par son tchadri bleu.

Mohtashémi frappa dans ses mains.

— *Tchâi hâzer ast ?*

— Oui, Eminence, le thé est prêt. Je vous le sers...

Regardant Bilqis, il lui désigna un coin de la pièce.

— Assieds-toi là et n'en bouge plus. Tu me comprends ?

— Oui, je vous comprends.

— ... Eminence.

— Je vous comprends, Eminence.

Bilqis fut ensuite emmenée dans une pièce spacieuse, déjà occupée par trois femmes. Elle eut la surprise de constater que l'une d'entre elles était d'origine afghane.

— Tiens, voici ton tchador. Enlève ton vêtement, ici on ne l'aime pas.

— Mais comment ça se porte ?

L'explication dura dix minutes : on laisse apparaître les yeux, rarement une mèche de cheveux, et on le coince entre les dents quand on veut avoir les deux mains libres. On l'enroule autour de la taille quand on lave le linge dans le bassin ou dans la cuisine. Deux ou trois fois, la pièce de tissu glissa sur le sol et les deux femmes se mirent à rire.

— Que cela ne t'arrive pas en ville, ce serait un scandale.

— Je m'appelle Bilqis, je viens de Garm-Ab.

— Et moi Nour, je viens de Bamyân.

Elles discutèrent à voix basse toute la nuit. Bilqis apprit que sa nouvelle amie avait été brutalement séparée de son mari lors de la mobilisation générale de 1997 [1], qu'elle avait fait une fausse couche et perdu son premier enfant.

1. Contre l'armée du Nord de Ahmad Shah Massoud.

— Notre ville a été bombardée, les combats ont duré des mois et nous avons été envahis par des gens du Nord, des Pachtous du Sud, puis par des Hazaras et ensuite par les talibans. J'ai perdu deux sœurs et un petit frère. Mon père a été enrôlé par l'armée et ma mère blessée aux jambes. Puis, des talibans m'ont emmenée et, depuis lors, je suis sur les routes. J'ai appris que nos bouddhas géants ont été bombardés. Ils étaient la fierté de notre région, tu sais...

Et Nour se mit à pleurer.

— Pleure un peu, cela te fera du bien...

Quand elle fut calmée, elle ajouta :

— J'ai dû faire des choses que je n'aimais pas... J'ai été salie par des hommes... Si ma mère et mon mari me voyaient, ils me frapperaient et me maudiraient...

— Comment es-tu arrivée ici, en Iran?

— Avec un groupe de réfugiés, en camion. J'ai dû payer mon passage en donnant des boucles d'oreilles et un bracelet. C'est tout ce qu'il me restait de ma mère, je n'ai plus rien. Et puis, Haj Hassan Agha m'a amenée ici. J'y vis et j'y travaille depuis environ deux ans maintenant, je ne me rappelle pas.

— Et tu dois aussi... Enfin... Haj Hassan Agha te brutalise?

— Quelquefois, quand il est en colère, quand je ne fais pas tout ce qu'il veut...

Au troisième jour de son installation chez le *hojatoleslâm* Mohtashémi, Bilqis fut appelée par un jeune élève mollah qui servait à la fois de secrétaire, de chauffeur et de souffre-douleur.

— Dépêche-toi, viens ! Le maître veut te voir. Suis-moi.

La jeune femme lavait du linge dans le bassin. Elle se sécha les mains, dénoua son tchador qui lui liait la taille, et dissimula son visage. Elle passa par un dédale de couloirs et de portes basses, et fut introduite dans une chambre au luxe exceptionnel. Elle marqua un temps d'arrêt et regarda autour d'elle : sur les murs, des boiseries, des miroirs ciselés et des niches contenant des boîtes et des aiguières. Au plafond, des peintures d'anges, d'oiseaux et de nuages. Au sol, de superbes tapis, des coussins, des tables basses en marqueterie, des coupes avec des fruits et des gâteaux et, dans un coin, un samovar doré fumant. Elle n'avait pas vu le gros homme assis dans un coin, tirant sur son narghileh.

— Alors, ça te plaît ?

Elle sursauta.

— Je... je n'ai jamais vu de si belles choses...

— Approche-toi et regarde... Tu peux toucher.

Bilqis fit quelques pas, tendit la main, mais n'osa rien toucher. Haj Hassan Agha se mit à rire.

— Touche cette boîte, devant toi. Prends-la en main et ouvre-la. Il n'y a pas de serpent dedans !

Elle l'ouvrit et y trouva des amandes et des pistaches.

— Prends-en et mange-les. Assieds-toi ici, devant moi.

Il tirait sur sa pipe à eau et regardait cette belle Afghane aux yeux verts qui s'était assise sur des coussins, face à lui.

— Es-tu heureuse, ici ? T'y plais-tu ?

— J'ai trouvé des amies. Je suis heureuse, je vous remercie.

— Dorénavant, tu ne feras plus de travaux pénibles. Tu ne laveras plus le linge, tu ne feras plus le nettoyage de la maison. Tu t'occuperas juste du repassage, de la couture et de servir à table. Et quand j'aurai envie de te voir seule, tu viendras. Est-ce que tu m'as bien compris ?

— Je vous ai compris, Eminence.

— On m'a dit que tu es veuve. Est-ce bien vrai ?

— C'est vrai. J'ai perdu mon mari à la guerre et nous n'avons pas eu le temps d'avoir des enfants.

Le religieux la regardait intensément.

— Il faut que je te dise quelque chose qui est un secret. Tu sais garder un secret ?... J'ai été blessé autrefois, au ventre et aux cuisses... et ailleurs. Je souffre encore et je... je ne peux pas faire tout ce qu'un homme peut faire... Tu m'as compris ?

Elle acquiesça. Que voulait-il dire ?

— Tu devras t'occuper de moi différemment, tu comprends ? Avec tes mains, tes doigts, tes seins...

Nour ne lui avait rien dit. A son retour, elle la questionna :

— Je ne voulais pas t'effrayer dès le premier jour. Mais fais attention, il est très particulier. Il sait être violent et les coups partent vite, très vite...

Deux larmes coulèrent sur les joues de Bilqis :

— Pourquoi pleures-tu ? Es-tu triste ? Je suis là...

— Je me sens bien, pour la première fois depuis longtemps. C'est ça le bonheur ?

— Le bonheur, c'est quand le chagrin se repose...

CHAPITRE 12

Le village des fous

Bilqis vivait dans la hantise de son premier véritable face-à-face avec Haj Hassan Agha Mohtashémi et n'arrêtait pas de questionner Nour à son sujet. Elle voulait tout savoir dans les moindres détails : ce qu'il aimait, ce qu'il refusait, ce qu'il souhaitait...

— Jusqu'à l'année dernière, il avait une favorite, une Iranienne du nom de Golnaz. Certains disent même qu'elle était sa petite-nièce, la petite fille de sa sœur. Il lui passait tous ses caprices, la chérissait et l'emmenait parfois dans ses déplacements. Elle est morte lors du tremblement de terre de Birjand, avec tous les membres de sa famille. Pendant de longs mois, il a été inconsolable. Puis, nous sommes arrivées, nous les Afghanes du Nord aux yeux bleus et verts. Alors, il s'est transformé et a souri à nouveau. Quand notre tour fut venu, on s'est rendu compte de son handicap et ça n'a pas été facile.

Le *hojatoleslâm* était en tournée dans tout l'Est iranien. Il partait souvent pour de longues semaines, prêcher, écouter, conseiller, vociférer, mais, aussi et surtout, s'occuper de ses affaires. On le disait très riche mais il n'en laissait rien paraître. On le disait marié, et même doté de plusieurs épouses et de nombreux enfants mais personne ne les avait jamais vus. Le seul parent qu'on lui connaissait était un frère plus jeune qui lui servait de garde du corps et d'homme de confiance, parfois de chauffeur. Mais Seyed Manoutchehr savait qu'il ne devait pas empiéter sur le domaine de son aîné et qu'au moindre faux pas avec une des femmes de son entourage, il risquerait d'être congédié sur l'heure, tant l'homme était imprévisible. Tantôt souriant, tantôt brutal, il aimait jouer avec son arme de poing et tirer sur les pigeons qui se posaient sur les toits avoisinants.

Quand les deux frères étaient absents, la vie était calme et paisible. Une matrone sans âge dirigeait la maison jusqu'au retour du maître. Les favorites n'avaient pas le droit de sortir des limites de la propriété, seules les Iraniennes pouvaient faire leurs emplettes. Quand il n'était pas en tournée, par contre, le salon ne désemplissait pas de visiteurs venus solliciter une audience, demander une faveur, un passe-droit ou une intervention au chef religieux. Haj Hassan Agha avait le bras long, très long disait-on. Il était non seulement influent à Zahédan, la capitale régionale, mais on racontait aussi qu'il avait ses entrées au parlement de Téhéran, voire chez le président de la République et le guide de la nation auprès de qui travaillait un de ses cousins éloignés.

— Appelez Bilqis !

Des ombres s'agitèrent, des mots furent vite échangés, des tchadors coururent dans les couloirs. Il était minuit passé et tout le monde dormait. Il fallait faire vite avant que le maître ne se fâche.

— Ah ! Te voilà enfin. Sers-moi du thé, j'ai mal dormi.

Bilqis s'exécuta. Elle s'était habillée à la hâte, avait coiffé ses cheveux, avait revêtu un voile bleu nuit qui semblait scintiller sous les lumières des bougies, et s'était parfumée à l'eau de rose, senteur que le religieux préférait entre toutes.

— Sers-toi aussi un verre de *tchâi*. Ne sois pas si timide...

L'homme était pieds nus, vêtu d'un pyjama rayé. Il ne portait pas son traditionnel turban.

Confortablement installé en tailleur sur des coussins et appuyé contre un angle du mur de la chambre, il avait deux tables basses devant lui. La première lui permettait de poser son verre de thé, une assiette de friandises et un porte-cigarettes en argent qui ne le quittait jamais. L'autre lui servait à y déposer des journaux et des dossiers.

— Tu sais lire et écrire ?

— Oui, *Hazrat Aâli*. Pas très bien mais je me débrouille. Dès que j'en ai le temps, je lis, n'importe quoi.

— C'est bien, mon enfant. Il faut savoir se cultiver.

Tout en grignotant un morceau de halvâ, il lui fit signe de la main de s'approcher et de s'installer tout près de lui.

— Ote ton tchador et montre-moi ton visage. Approche, n'aie pas peur... Voilà... Comme tes cheveux sont soyeux, comme ta peau est douce...

Il passa sa main sur les seins de la jeune femme qui ne bougeait pas. Elle regardait cette main velue et ornée de bagues à chaque doigt la tripoter avec fièvre et maladresse.

— Souffle les bougies, sauf celle-là près de moi, et viens t'allonger à mes côtés. Enlève tous tes effets, tous...

L'homme avait déboutonné la veste de son

pyjama. Il prit la main de Bilqis et la posa sur sa poitrine poilue.

— Caresse-moi doucement... Voilà, c'est bien... Continue, ne t'arrête pas... Plus bas... encore plus bas... encore... entre mes jambes... partout...

L'Afghane constata alors que l'homme ne ressentait rien. Son corps était sans réaction, comme mort. A part une respiration bruyante, rien ne semblait habiter cette masse bedonnante et peu attirante.

— Viens sur moi et retire mon vêtement. Frotte ton corps sur le mien... Continue... Embrasse-moi... partout... Descends plus bas... Fais-moi des choses avec ta bouche et tes lèvres... Doucement... Voilà...

Pendant de longues minutes, elle tenta de donner du plaisir à un corps qui ne réagissait à aucun attouchement. Elle le parfuma, le massa, le caressa, sans résultat.

— J'ai été blessé autrefois, très gravement, au dos surtout. J'ai été plusieurs fois opéré et j'ai dû réapprendre à marcher. Aujourd'hui, ça va mieux mais j'ai perdu la puissance qu'un homme doit avoir. C'est pour cela que je compte sur toi pour me redonner du plaisir. Je sais que tu peux le faire. Dès que je t'ai vue, j'ai su que j'avais fait le bon choix avec toi. Aucune femme n'est encore parvenue à réveiller mon corps, pas même Nour ni Houria.

Haj Hassan Agha sembla exaspéré.

— Tu viendras aussi souvent que je le souhaiterai. Je sais que tu peux le faire. Gare à toi si tu n'y parviens pas... Lève-toi maintenant, que je te regarde...

Bilqis se tint alors nue devant l'homme qui avait repris son moulin à prières en main et l'égrenait nerveusement.

— Tourne-toi, retourne-toi... Parfait... ton corps est parfait... Je sens que ça va marcher...

Il regarda attentivement le bas-ventre de la jeune femme.

— Il faudra que tu enlèves tous ces poils dégoûtants. Je n'aime pas les femmes qui ont des poils ou des cheveux au-dessous du cou. Tu mettras du *vâjebi*, tu connais ? On t'expliquera. La prochaine fois que je t'appellerai, tu seras imberbe du haut jusqu'en bas. Et surtout, n'oublie pas ! La prochaine fois, je veux ressentir quelque chose, sinon...

Il leva la main en signe d'avertissement.

— *Boro*, va-t'en, je veux dormir.

Nour attendait le retour de son amie avec impatience.

— Que s'est-il passé, que t'a-t-il fait ?

— Rien, rien du tout. Il a souhaité quelques massages, quelques attouchements, que je le parfume. Il a voulu me voir nue. J'ai horreur de ça. Il veut que je le... enfin... que je lui donne des émotions... Il veut aussi que je me rase, que je mette du...

— ... du *vâjebi*. Je te montrerai. C'est une sorte de boue que l'on applique un certain temps et qui fait tomber les poils dès qu'on l'asperge avec de l'eau.

— Est-ce qu'il a vraiment été blessé ou est-ce qu'il est comme ça depuis qu'il est né ?

— D'après ce que j'ai entendu, il a pris une balle dans le ventre. Du moins, c'est ce qu'on dit. L'opération s'est mal passée et son cas a empiré. Il a ensuite été opéré plusieurs fois, à Zahédan puis à Téhéran et il est revenu ici guéri mais impuissant. C'était avant que je n'arrive.

— Il m'a fait comprendre, en me menaçant, que la prochaine fois que je le verrai, je devrai lui faire ressentir quelque chose. Mais comment faire si son... son endroit est mort ?

— Il m'a tenu les mêmes propos l'année dernière. Je me suis bien sortie d'affaire, je t'expliquerai ce qu'il veut. Ne sois pas inquiète.

— Mais il a levé la main avant que je ne le quitte...

— Il menace toujours mais ne fait pas grand-chose. Du moins, je n'ai jamais eu à souffrir à cause de lui... pas encore...

Le *hojatoleslâm* avait été convoqué à une réunion de notables dans la ville de Machad. Il fut absent pendant deux semaines. Quand il revint, Bilqis comprit que ses jours de liberté étaient passés. Les femmes de son entourage la regardaient d'un air entendu, avec des sourires complices, voire une certaine obséquiosité. On se mit à lui verser son thé, à rouler son matelas, à plier et repasser son linge à sa place.

— J'ai connu la même chose il y a des mois. En gros, cela veut dire : ne te fatigue pas, on est là pour t'aider. En cas de besoin un jour, tu sauras nous aider à ton tour. Il paraît que c'est très courant en Iran. Puis brutalement, quand tu es rejetée, que tu n'es plus la favorite, on te laisse choir et on te tourne le dos.

Trois jours plus tard, Maléké Khânoum, celle qui faisait marcher la demeure et qui avait dû être la compagne du maître il y a bien des années, fit appeler Bilqis :

— Lave-toi, coiffe-toi et maquille-toi un peu les lèvres. Dessine le contour de tes yeux, parfume-toi et mets ce vêtement que le maître préfère. Sois prête dans une heure. Je reviendrai très précisément à six heures quand il fera plus frais. Son Eminence n'aime pas attendre.

Une heure plus tard, Maléké Khânoum introduisait Bilqis auprès du *hojatoleslâm*. Il avait revêtu une robe de chambre de satin bleu, ornée de brocarts dorés et portait son turban noir sur la tête, pour bien faire comprendre qu'il descendait du Prophète. Il avait des babouches bleues aux pieds et son *tasbi* doré tournait entre ses doigts. Un sourire éclaira son visage patibulaire.

— Mon enfant, viens ici. Voilà bien longtemps que je ne t'ai vue... J'ai souvent pensé à toi ces derniers temps mais le travail m'a retenu ailleurs. Voilà, assieds-toi ici.

D'un revers de la main, il congédia la vieille femme qui sortit de la pièce en reculant, montrant par là même son respect.

— Remplis mon verre de thé et mets-y une feuille de menthe. J'adore la menthe. Alors, raconte-moi ce que tu as fait pendant tout ce temps... As-tu au moins pensé à moi ? As-tu pensé à ce que je t'ai dit ?

Bilqis répondit du mieux qu'elle put, cherchant à ne pas le décevoir. Bien sûr, elle avait pensé à lui, mais certainement pas dans le sens qu'il souhaitait. Elle avait aussi entièrement éliminé ses poils mais elle n'aimait pas cette pommade qui lui brûlait le bas-ventre et les aisselles.

— Je ne te parle pas de ça. Je te demande si

tu as pensé à ce que je t'ai dit : je veux ressentir quelque chose, comme autrefois.

Bilqis baissa la tête. Que répondre ?

— J'y ai pensé et j'en ai souvent parlé avec Nour. Elle m'a dit tout ce que vous aimez et comment le faire...

— Nour ne sait rien faire ! Je n'aime pas ce qu'elle fait... elle le fait mal et j'ai dû la chasser. J'espère que tu ne feras pas comme elle, sinon nous ne serons plus amis...

Pendant les semaines qui suivirent, chaque samedi et chaque mercredi, Bilqis fut introduite chez le *hojatoleslâm* Mohtashémi. Deux fois par semaine, elle tenta de lui donner du plaisir, inventant toutes sortes de gestes, de positions, de caresses. Elle savait que l'homme ne la pénétrerait pas par la force mais elle craignait qu'il ne le fît avec un doigt ou un instrument. Son sexe était encore douloureux des outrages qu'elle avait dû subir auparavant, à la caserne de Farah. Elle redoutait aussi qu'il ne finisse par se lasser de toutes ces gesticulations, de tous ces attouchements qui n'éveillaient plus rien dans son corps meurtri et éteint. Elle était en train de lui faire une fellation quand elle ressentit une très vive douleur à la tête.

— Chienne d'Afghane! Ma patience a des limites! Je t'ai demandé de me donner du plaisir et tu ne me donnes rien du tout!

Et d'un violent coup de pied au visage, il la rejeta brusquement en arrière. Sa tête heurta le mur et elle s'évanouit.

— *Boland shô, fâéché*, debout putain!

Bilqis n'entendait plus rien. Du sang coulait sur ses paupières et dans ses yeux. Sa tête tournait, elle avait mal à la nuque et ne parvenait pas à se lever. Elle rampa sur le sol, le regard brouillé, renversa au passage la théière qui était posée sur un plateau, heurta le samovar et piétina un plat de sucreries. Elle ne savait pas où elle se dirigeait.

Elle reçut un second coup sur la joue gauche et un troisième sur le front. Le religieux s'était emparé d'une canne et cognait de toutes ses forces.

— Fille de pute... Dégénérée... Chienne...

Plus Bilqis se protégeait le visage et la poitrine avec ses mains et ses bras, plus Haj Hassan cognait en hurlant des injures et des obscénités. Quand il fut calmé, il appela ses gens :

— Emmenez-moi cette moins que rien... que je ne la revoie plus jamais!

Nue et allongée, sans connaissance, sur le tapis, l'Afghane fut enroulée dans un drap et emmenée par trois femmes. Maléké Khânoum vint remettre de l'ordre dans la pièce, effaça les traces de lutte et se retira sans rien dire. Quand Nour la questionna, elle lui répondit simplement :

— Ça devait arriver... Cette petite n'a aucun talent... Elle n'a jamais compris ce que le maître veut...

Dès sa guérison terminée, Bilqis fut reléguée aux plus basses œuvres de la maison : tous les matins et tous les soirs, elle dut vider les fosses septiques et les latrines installées dans le jardin, transvaser les pots de chambre et porter le tout sur une charrette qu'elle tirait sous la surveillance de deux femmes acariâtres qui la frappaient avec un bâton quand elle n'avançait pas assez vite. Le tout était vidé dans des cuves qui servaient à l'épandage. Elle devait ensuite rincer les seaux dans un étang pestilentiel et laver le tout dans la rivière voisine. Deux fois par jour, elle subissait les quolibets des enfants des alentours, quand elle ne recevait pas des jets de pierres et de fruits pourris.

Bilqis avait été isolée des autres femmes et elle croisait de moins en moins Nour. Tout juste parvenaient-elles à échanger quelques brèves paroles d'encouragement.

Comme elle l'avait fait précédemment à Herat puis à Farah, la jeune femme avait caché les afghanis qu'elle transportait avec elle. Elle avait partagé son secret avec Nour et lui avait dit de s'en servir au cas où il lui arriverait quelque chose.

Elle souffrait toujours de la tête, Mohtashémi lui avait brisé une dent et une cicatrice lui barrait désormais le front. Son dos portait encore les marques des coups de canne. Une femme baloutche dont elle ne sut jamais le nom et qui participait aux mêmes corvées qu'elle lui appliquait de temps à autre des compresses sur les reins.

— Ma grand-mère m'a donné cette recette à base de plantes. Ce n'est pas grand-chose mais ça aide. Le meilleur remède reste la prière. Prie souvent, prie tout le temps, quand tu portes tes seaux, quand tu reçois des pierres et des insultes, quand tu as mal...

Quatre mois avaient passé quand elle apprit de la bouche de Maléké Khânoum qu'elle allait être transférée hors de la ville, dans un camp :

— Des milliers d'hommes et de femmes comme toi sont les invités de la République Islamique d'Iran. Depuis des années, vous fuyez votre pays, c'est honteux. Vous n'êtes que des mécréants, vous n'aimez pas l'Islam. Les talibans vous enseignent la religion et vous ne voulez pas les écouter. Nous sommes beaucoup trop bons de vous accueillir, nous devrions vous chasser et vous renvoyer chez vous. Vous mangez notre pain, notre riz... Honte sur vous !

Bilqis entendait la femme parler mais ne prêtait aucune attention à ses dires. Elle allait partir, peut-être pour une vie plus décente et moins humiliante.

— Demain, avec deux autres femmes, tu iras à Déhé Divâneh, le village des fous. Vous êtes déjà plusieurs centaines là-bas et il y a même des chiens de chrétiens pour s'occuper de vous.

Le transfert dura trois quarts d'heure. Quand Bilqis découvrit le village, elle n'en crut pas ses yeux : des dizaines et des dizaines de tentes blanches et grises étaient alignées dans un ordre parfait. Il y eut un attroupement, quelques commentaires, puis les trois femmes furent introduites dans une bâtisse en dur. Une femme blonde d'une quarantaine d'années s'avança vers elles ; nu-tête et souriante.

— *Salââm... Béfarmâid*, je vous en prie, asseyez-vous.

Du thé fut servi, ainsi que du pain, du fromage et quelques fruits.

— Je m'appelle Ann Grete, je suis ici pour vous aider.

Une femme afghane traduisait ses paroles.

— Je sais que vous avez beaucoup souffert. Ici, vous serez au calme et en paix.

On attribua une nouvelle tente aux trois femmes. Les dernières arrivantes étaient toujours les moins bien servies, placées loin des points d'eau, de la cantine, des lieux communs de détente et de repos. Ici, il n'y avait rien à faire, sinon venir prendre ses repas à heures fixes, ne pas se croiser ni parler aux hommes installés plus loin, ne pas élever la voix ni se disputer, nettoyer consciencieusement l'intérieur et l'extérieur des tentes. Bilqis ne parlait plus. Elle n'échangeait plus aucune parole avec ses deux compagnes d'infortune. Elle mangeait seule, se promenait seule au bord d'un grand lac qui s'étendait devant elle à perte de vue et qui la fascinait. Jamais encore elle n'avait vu autant d'eau, avec des barques qui allaient et venaient et des hommes à bord qui pêchaient. Lentement, elle se reconstruisait, ses douleurs semblant disparaître. Elle se mit à sourire en voyant les enfants jouer au ballon ou au cerf-volant.

Un jour qu'elle lavait ses effets, elle constata que deux femmes la regardaient avec insistance. Elle n'y prêta pas plus d'attention jusqu'à ce que leurs hurlements se fassent entendre :

— Je la reconnais, c'est elle ! Oui, c'est bien elle ! C'est une putain !

Et l'autre d'ajouter :

— C'est le diable en personne ! Mon Dieu, protégez-moi !

Des femmes accoururent alors de partout, des hommes s'approchèrent, les enfants cessèrent leurs jeux. Un arc de cercle se forma autour de Bilqis pendant que les deux femmes gesticulantes continuaient de lui crier leur haine :

— Je vous le dis, c'est une prostituée. Nous la connaissons, elle débauchait nos hommes à la caserne de Farah. Je suis certaine que c'est elle.

— Demandez-lui et vous verrez... C'est sûr que c'est elle. Allez, questionnez-la !

Dès les premiers cris, Ann Grete et quatre observateurs étrangers étaient accourus. Ils voulaient savoir ce qui se passait et se faisaient traduire en anglais l'essentiel des propos échangés. Ann Grete voulut intervenir :

— Cela ne vous regarde pas, c'est une affaire entre nous !

— Elle a raison, pas d'étrangers dans nos affaires !

La Scandinave trouva Zeinab, la responsable des femmes du camp. Elle comptait sur son bon sens pour intervenir :

— Calmons-nous. Ecoutons ces deux femmes puis la réponse de la troisième. Ce n'est pas en criant et en s'agitant que l'on trouvera une solution. Regagnez vos tentes, nous allons emmener ces femmes avec nous et vous serez tenues informées des décisions qui seront prises.

Il y eut d'autres cris, des invectives, des commentaires, puis le silence retomba. Les trois femmes furent emmenées à la cantine où se tenaient les réunions concernant la communauté à chaque fois que cela était nécessaire. Zeinab et deux femmes d'âge mûr s'assirent derrière une table, Ann Grete et une infirmière iranienne à leurs côtés. Les trois Afghanes prirent place en face d'elles, les deux accusatrices serrées l'une contre l'autre, Bilqis plus à l'écart.

— Alors, mesdames, que se passe-t-il ? Expliquez-nous.

— Nous connaissons cette... cette personne. Nous l'avons vue presque tous les jours à Farah, l'année dernière. Nous travaillions toutes les trois à la caserne, elle y habitait avec d'autres femmes et nous, nous habitions chez nous. Nous étions affectées aux cuisines et au nettoyage. Elle et les autres s'occupaient plus particulièrement... des hommes... de leur confort... bref, cette femme est une prostituée.

Et les vociférations reprirent de plus belle. Ann Grete demanda le silence et se tourna vers Bilqis :

— Est-ce vrai ce que ces deux femmes disent sur toi ?

L'accusée s'était tassée sur son siège et ne répondit pas, cachée sous son tchadri, immobile, sans réaction.

— As-tu compris ma question ? Ces femmes disent-elles la vérité ?

— Et puis, il y a autre chose : cette fille a tué un homme dans l'hôpital, elle a assassiné un homme...

Ann Grete s'était levée et s'avança vers les deux femmes.

— Que dites-vous là ? C'est grave ! Avez-vous des preuves ?

Les deux Afghanes se regardèrent et l'une d'elles confirma les dires de sa voisine :

— On a découvert le cadavre d'un saint homme, un héros de la guerre, mutilé et blessé. C'est elle qui s'occupait de lui, elle était allée le voir cette nuit-là, je me souviens. Sitôt après son crime, elle a disparu avec sa complice. C'est elle, je vous dis, j'en suis certaine !

— Et comment s'appelait la victime ?

— Mohamad Sadegh, Dieu ait son âme...

Ann Grete retourna derrière son bureau et prit quelques notes. Elle questionna à nouveau Bilqis :

— Est-ce vrai ce que disent ces femmes ? Leurs accusations sont très graves, tu sais ? Si tu ne dis rien, cela voudra dire qu'elles disent la vérité...

Toujours pas de réponse de la part de Bilqis, pas le moindre mouvement.

— Je vais faire rédiger vos accusations en persan et elles seront portées aux autorités locales qui décideront. Vous devrez les confirmer et les signer, sinon vos dires n'auront aucune valeur.

— Mais, nous ne savons pas écrire !

— Eh bien, vous mettrez une croix ou l'empreinte de votre pouce.

— Nous ne voulons pas d'ennuis avec les Iraniens, ni avec l'Afghanistan...

— Alors, je ne peux pas accepter vos accusations. Vous pouvez vous en aller.

— De toutes les façons, c'est une putain et nous n'en voulons pas parmi nous. Installez-la ailleurs, sinon, nous nous en chargerons nous-mêmes !

Une petite tente fut installée pour Bilqis, à l'écart de celles de ses compagnes d'infortune. Elle n'avait plus le droit de circuler pendant la journée dans le camp ; on lui apporterait désormais la nourriture et elle laverait son linge en soirée. Elle portait à nouveau un tchadri bleu, ne recevrait que les visites d'Ann Grete ou du Croissant-Rouge iranien. Tous les jours, elle entendait les insultes des dizaines d'Afghans qui rôdaient autour de sa tente. Des enfants lui jetaient des pierres et criaient des mots dont ils ne connaissaient pas le sens, pour faire comme les adultes.

Un jour, une voiture noire s'arrêta devant l'entrée du camp de Déhé Divâneh. Des hommes en descendirent, palabrèrent avec les gardiens et plusieurs liasses de rials changèrent discrètement de mains. Quelques minutes plus tard, Bilqis monta dans le véhicule. Un frisson lui parcourut le corps dès qu'elle reconnut la destination finale : la demeure de Haj Hassan Agha Mohtashémi ! Maléké Khânoum l'accueillit par un « bonjour mon enfant, suis-moi » et elle emprunta ce couloir qui l'avait menée en enfer quelques semaines auparavant.

Le religieux se tenait debout, face à la porte. Il souriait.

— Approche, jeune et belle amie. Viens, assieds-toi ici. Alors, que deviens-tu ? Es-tu bien installée avec tes compatriotes ? Si tu as un souci, dis-le-moi.

Il ne lui parla ni de sa violence, ni de ses coups. Il était d'humeur badine et versa lui-même le thé, lui tendant quelques fruits et friandises.

— Tu viendras ici de temps en temps, quand je le voudrai. J'aime ta compagnie... J'aime tes mains et tes lèvres... Je te ferai prévenir la veille afin que tu puisses te préparer. Voici quelques effets que tu mettras à ces occasions. Je n'aime pas les vêtements sales que tu portes aujourd'hui. Il faudra veiller à ça...

Et c'est ainsi que, pendant des mois, Haj Hassan Khan fit venir Bilqis, soit pour partager son repas, soit pour faire un voyage dans les montagnes environnantes, soit encore pour se faire caresser et masser le corps. Pas une fois, il ne porta à nouveau la main sur elle, ni même n'éleva la voix. Il semblait avoir finalement accepté son état et se contentait d'autres plaisirs comme de prendre des bains avec plusieurs femmes qui le lavaient et le parfumaient. Il avait repris goût à la chasse et au jeu d'échecs.

Mais ces allées et venues déplurent aux femmes du camp. Les hommes s'en mêlèrent et il fallut faire appel à la gendarmerie et éloigner la tente de Bilqis de quelques dizaines de mètres. Elle passait dorénavant ses journées à lire, à broder, à chantonner des comptines apprises il y a tant d'années à Garm-Ab... *Au bord de l'eau, il y a un petit oiseau, il me regarde dormir...*

Des larmes coulaient parfois sur ses joues burinées où apparaissaient déjà de petites rides. Elle avait à peine vingt-cinq ans mais en paraissait quarante.

C'est alors que survint un journaliste, présenté par Ann Grete, qui voulait la rencontrer et lui parler. C'est alors que sa vie allait changer...

***

Bilqis partit du camp quelque temps plus tard. Les talibans avaient quitté l'Afghanistan. Bilqis fut soignée dans un dispensaire pendant des mois. Elle n'est jamais retournée dans ses montagnes natales. Elle ne s'est pas mariée.

— Je veux aider les autres, dit-elle, surtout les femmes et les enfants. Et que Dieu m'assiste... Je veux que mon chagrin se repose...

TABLE

1. La tente.................... 9
2. Le dernier now rouz 31
3. « Maman, j'ai été salie »........ 57
4. La vente 85
5. Hamid........................ 107
6. La fuite 133
7. Shokat Khânoum 157
8. Herat........................ 185
9. Le bordel...................... 217
10. L'horreur 245
11. Recherchée.................... 273
12. Le village des fous 303

Aubin Imprimeur
LIGUGÉ, POITIERS

Achevé d'imprimer en octobre 2004
pour le compte de France Loisirs
123, bd de Grenelle, 75015 Paris

N° d'édition 41455 / N° d'impression L 67490
Dépôt légal, août 2004